Zusätzliche digitale Inhalte für Sie!

Zu diesem Buch stehen Ihnen kostenlos folgende digitale Inhalte zur Verfügung:

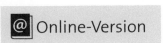 Online-Version

Die digitale Version dieses Buches finden Sie mit vielen hilfreichen Verlinkungen zur komfortablen Recherche in mein**kiehl**.

Schalten Sie sich das Buch inklusive Mehrwert direkt frei.

Scannen Sie den QR-Code **oder** rufen Sie die Seite mein.kiehl.de auf.
Geben Sie den Freischaltcode ein und folgen Sie dem Anmeldedialog. Fertig!

Ihr Freischaltcode

BBOG-FUHD-DUYM-DXUX-TVZG-IS

www.kiehl.de

Last Minute
Rechnungswesen

Endspurt zum Wirtschaftsfachwirt

Von
Dr. rer. pol. Diplom-Volkswirt Christian Eisenschink

ISBN 978-3-470-**11061**-5 – 1. Auflage 2024
© NWB Verlag GmbH & Co. KG, Herne 2024
www.kiehl.de

Kiehl ist eine Marke des NWB Verlags

Satz: PMGi Agentur für intelligente Medien GmbH, Hamm
Druck: mediaprint solutions, Paderborn

Hinweis
Um eine gute Lesbarkeit zu gewährleisten, verwenden wir in Fachtexten in der Regel geschlechtsspezifische Personenbezeichnungen. Selbstverständlich sind damit alle Menschen gleichermaßen gemeint.

Feedbackhinweis
Kein Produkt ist so gut, dass es nicht noch verbessert werden könnte. Ihre Meinung ist uns wichtig. Was gefällt Ihnen gut? Was können wir in Ihren Augen verbessern? Bitte schreiben Sie einfach eine E-Mail an: feedback@kiehl.de

Scannen Sie den QR-Code oder besuchen Sie
Climate-Partner.com/16605-2105-1001 und erfahren Sie mehr zu unseren klimaneutralen Druckprodukten.

VORWORT

Das Fach „Rechnungswesen" ist im Rahmen des „Geprüften Wirtschaftsfachwirts/Geprüfte Wirtschaftsfachwirtin IHK" der wirtschaftsbezogenen Qualifikation zugeordnet. Das Rechnungswesen stellt eine wesentliche Grundlage für die Steuerung eines Unternehmens dar.

Dieses „Last-Minute"-Buch ersetzt kein ausführliches Lehrbuch, bietet aber viele wesentliche Elemente und Zusammenhänge, um sich auf die Prüfung zum „Geprüften Wirtschaftsfachwirt/Geprüfte Wirtschaftsfachwirt IHK" vorzubereiten. In diesem Buch wurden Schwerpunkte gebildet und Sachverhalte verdichtet.

► Dieses „Last-Minute"-Buch bietet Beispiele, übersichtliche Tabellen und anschauliche Abbildungen, um die Sachverhalte zu vermitteln.

► Darüber hinaus wurden „Merke-Kästen" zur Wiederholung sowie für den schnellen Leser integriert.

► Das Buch beinhaltet ein Glossar mit verschiedenen Fachbegriffen, die in den Prüfungen wichtig sind. Querverweise auf die Begriffe im Glossar werden bei der ersten Erwähnung im Fließtext wie folgt dargestellt: →**Abgaben**. Im Online-Buch in mein**kiehl** finden Sie diese Begriffe des Glossars in einem eigenen Kapitel.

► Darüber hinaus werden kurze Tipps zur Prüfung gegeben.

► 30 kleine Aufgaben mit Lösungen können als letzter Check zur Prüfung verwendet werden.

Ich wünsche Ihnen viel Spaß beim Lesen und der Bearbeitung der Aufgaben sowie viel Erfolg bei der Prüfung. Informationen zu meiner Person finden Sie unter www.dr-eisenschink.de.

Bad Abbach, im März 2024   Dr. rer. pol. Dipl.-Volkswirt Univ. Christian Eisenschink

INHALTSVERZEICHNIS

ABKÜRZUNGSVERZEICHNIS

A

A	Aktiva
AB	Anfangsbestand
Abb.	Abbildung
Abs.	Absatz
Abschr.	Abschreibung
AfA	Absetzung für Abnutzung
AG	Aktiengesellschaft
AktG	Aktiengesetz
a. LL	aus Lieferung und Leistung
AO	Abgabenordnung
AV	langfristige Vermögensgegenstände

B

BAB	Betriebsabrechnungsbogen
BE	Betriebserfolg
betriebl.	betrieblich
bil.	bilanziell
bzw.	beziehungsweise

C

ca.	circa

D

db	Stückdeckungsbeitrag
DB	Gesamtdeckungsbeitrag
Dez.	Dezember
DIHK	Deutsche Industrie- und Handelskammer

E

EK	Eigenkapital
EKR	Eigenkapitalrentabilität
EStDV	Einkommensteuer-Durchführungsverordnung
EStG	Einkommensteuergesetz
EStR	Einkommensteuerrichtlinien
EÜR	Einnahmen-Überschuss-Rechnung

F

ff.	fortfolgend
Fifo	first in – first out
FKZ	Fremdkapitalzinssatz

G

GK	Gemeinkosten
GKR	Gesamtkapitalrentabilität
GmbH	Gesellschaft mit beschränkter Haftung
GmbHG	Gesetz betreffend die Gesellschaften mit beschränkter Haftung
GuV	Gewinn- und Verlustrechnung

H

HGB	Handelsgesetzbuch

I

i. d. R.	in der Regel
IHK	Industrie- und Handelskammer
IKR	Industriekontenrahmen
inkl.	inklusive
IT	Informationstechnologie
i. V. m.	in Verbindung mit

K

kalk.	kalkulatorisch
KLR	Kosten- und Leistungsrechnung
KStDV	Körperschaftsteuer-Durchführungsverordnung
KStG	Körperschaftsteuergesetz
KStR	Körperschaftsteuer-Richtlinien
KUH	Kapitalumschlagshäufigkeit

L

l	Liter
Lifo	last in – first out
LKW	Lastkraftwagen
lt.	laut

M

Min.	Minute

P

P	Passiva
p. a.	per annum
PKW	Personenkraftwagen

Q

qm	Quadratmeter

R

R	Richtlinie

| RHB | Roh-, Hilfs- und Betriebsstoffe |
| ROI | Return on Investment |

S

SB	Schlussbestand
Sept.	September
St.	Stück
Std.	Stunde

T

| t | Tonnen |
| T | Tausend |

U

UGM	umgerechnete Menge
U-Lohn	Unternehmerlohn
US	Umsatz
USR	Umsatzrentabilität
USt	Umsatzsteuer
UStDV	Umsatzsteuer-Durchführungsverordnung
UStG	Umsatzsteuergesetz
usw.	und so weiter

V

Verb.	Verbindlichkeiten
Vgl.	Vergleiche
VW/VT	Verwaltung und Vertrieb

W

| WP | Wertpapier |

Z

| z. B. | zum Beispiel |

1. Grundlegende Aspekte des Rechnungswesens

1.1 Abgrenzung von Finanzbuchhaltung, Kosten- und Leistungsrechnung, Auswertungen und Planungsrechnungen

Für die Abgrenzung zwischen der Finanzbuchhaltung sowie der Kosten- und Leistungsrechnung ist der **Unterschied zwischen Unternehmen und →Betrieb** wesentlich.

Finanzbuchhaltung, Kosten- und Leistungsrechnung

Unternehmen	Betrieb
wirtschaftlich-rechtliche Einheit	technisch-organisatorische Einheit

Die Automobil AG (wirtschaftlich-rechtliche Einheit) hat mehrere Zweigwerke (technisch-organisatorische Einheiten).

Finanzbuchführung	Kosten- und Leistungsrechnung
zeitliche und sachliche Dokumentation der **Veränderung von Vermögen und Schulden, Aufwendungen und Erträgen** sowie von **Ein- und →Auszahlungen**	Erfassung der **Kosten** und **Leistungen**, um das Sachziel, z. B. Produktion von PKW, zu erreichen
Darlegung des **Erfolgs (→Gewinn oder Verlust)** des Unternehmens	Ermittlung des Betriebsergebnisses, welches das Ergebnis der „eigentlichen" betrieblichen Tätigkeit darstellt. **Betriebsergebnis** = Leistung - Kosten

Was versteht man unter „eigentlicher" betrieblicher Tätigkeit?

Das Sachziel eines Automobilproduzenten besteht darin, PKWs zu erstellen. Die Leistungen (PKW-Produktion) werden im Werk (Betrieb) erzeugt. Das Kerngeschäft liegt jedoch nicht bei der Spekulation mit Wertpapieren auf dem Kapitalmarkt. Betriebsfremde Aufwendungen oder Erträge aus Gewinnen oder Verlusten mit Finanzgeschäften sind dem Unternehmen und nicht dem Betrieb zuzuordnen. Daher werden bei der „eigentlichen" betrieblichen Tätigkeit nur die Kernleistungsprozesse betrachtet.

Auswertungen (Statistik)

Die Daten aus der Buchführung sowie aus der Kosten- und Leistungsrechnung werden für die einzelnen Funktionsbereiche (z. B. Beschaffungs-, Produktions-, Vertriebs- oder Personalabteilung) aufbereitet und mit **Kennzahlen** verdichtet. Die Kennzahlen, insbesondere die der →Bilanz sowie der Gewinn- und Verlustrechnung, können für →**Betriebsvergleiche** und/oder **Zeitvergleiche** verwendet werden.

Kennzahlen, Betriebs- und Zeitvergleiche

Planungsrechnung

Die Planungsrechnung nutzt die Daten der Buchführung, der Kosten- und Leistungsrechnung sowie der Statistik für die Planung z. B. von Investitionen, Aufnahme von Krediten oder Einstellung von zusätzlichem Personal.

Planungsrechnung

► Ein Unternehmen ist eine wirtschaftlich-rechtliche Einheit (z. B. Automobil AG), während ein Betrieb eine technisch organisatorische Einheit (Zweigwerk) darstellt.

► Die Finanzbuchführung ermittelt aus der Differenz von Erträgen und Aufwendungen den Gewinn, während die Kosten- und Leistungsrechnung das Betriebsergebnis (Leistungen minus Kosten) aufzeigt.

▶ Mit der Statistik werden die Daten der Bilanz sowie der Gewinn- und Verlustrechnung anhand von Kennzahlen, Betriebs- und Zeitvergleichen ausgewertet.

▶ Die Planung von Investitionen, neuen Krediten oder zusätzlichem Personal erfolgt auf der Datenbasis der Finanzbuchführung, der Kosten- und Leistungsrechnung sowie der Statistik.

1.2 Aufgaben des Rechnungswesens

Das Rechnungswesen dient dazu, die Aktivitäten im Unternehmen mit Zahlen abzubilden.

Aufgaben des Rechnungswesens

▶ **Dokumentationsaufgabe:**

Die **Geschäftsfälle** (Kauf von Anlagegütern oder Roh-, Hilfs- und Betriebsstoffen, Ein- und Auszahlungen) werden **zeitlich** und **sachlich** in der **Finanzbuchführung (Unternehmen)** dokumentiert.

Die Aufzeichnungen werden verwendet, um eine Bilanz sowie eine Gewinn- und Verlustrechnung (GuV) aufzustellen. Daraus sind die Veränderungen von **Vermögen** und **Schulden** (Bilanz) sowie von **Aufwendungen** und **Erträgen** (GuV) ersichtlich.

Darüber hinaus werden der Werteverzehr (**Kosten**, z. B. Rohstoffverbrauch, Gehälter) sowie der Wertezuwachs (**Leistungen**, z. B. Umsätze) im Rahmen der Kosten- und Leistungsrechnung (**Betrieb**) **dokumentiert.**

▶ **Informations- und Rechenschaftslegungsaufgabe:**

An der Bilanz sowie der GuV haben mehrere Gruppen Interesse (Stakeholder):

- Unternehmensleitung beobachtet den Geschäftsverlauf und muss Rechenschaft gegenüber den Aktionären oder Gesellschaftern (**Shareholder**) abgeben.

- Banken haben Interesse an der wirtschaftlichen Lage des Unternehmens und benötigen Informationen aus dem Rechnungswesen, um einzuschätzen, ob die ausgegebenen Kredite zurückgezahlt werden.

Weitere Stakeholder sind das Finanzamt (Besteuerung) sowie Betriebsräte und Politiker (Arbeitsplätze).

▶ **Kontrollaufgabe:**

Anhand von Kennzahlen können die Stakeholder sowie die internen Controller einen Soll-Ist-Vergleich durchführen.

Beispiel: Gewinn im Jahr 00 soll 800.000 € betragen; tatsächlich wies das Unternehmen 500.000 € aus. Anhand der Kennzahl kann der Controller analysieren, warum die Gewinnabweichung zustande kam.

▶ **Planungsaufgabe:**

Mit den Daten des Rechnungswesens (**Statistik**) können Trends erstellt werden.

Beispiel: Ein Unternehmer erwartet, dass die Umsätze sich um 5 % im nächsten Jahr erhöhen. Um den Umsatz zu generieren, muss er zwei Mitarbeiter zusätzlich einstellen sowie einen LKW kaufen. Aufgrund der Daten des Rechnungswesens können Planungen (z. B. Personalplanung, Investitionsplanung usw.) abgeleitet werden.

IM ÜBERBLICK

▶ Das Rechnungswesen hat eine Dokumentations-, Informations- und Rechenschaftslegungsaufgabe.

▶ Zudem beinhaltet das Rechnungswesen eine Kontroll- und Planungsaufgabe.

1.3 Grundsätze ordnungsgemäßer Buchführung

Die Grundsätze ordnungsgemäßer Buchführung sind aus der Wirtschaftspraxis durch kaufmännische Tugenden („der ehrliche Kaufmann") sowie durch handels- und steuerrechtliche Vorschriften entstanden.

Einer der wichtigsten Grundsätze ordnungsgemäßer Buchführung lautet:

Keine Buchung ohne Beleg.

Gesetzliche Grundlage	Grundsätze ordnungsgemäßer Buchführung
§ 238 (1) Handelsgesetzbuch (HGB)	
(1) Jeder Kaufmann ist verpflichtet, Bücher zu führen und in diesen seine Handelsgeschäfte und die Lage seines Vermögens nach den Grundsätzen ordnungsmäßiger Buchführung ersichtlich zu machen. Die Buchführung muß so beschaffen sein, daß sie einem sachverständigen Dritten innerhalb angemessener Zeit einen Überblick über die Geschäftsvorfälle und über die Lage des Unternehmens vermitteln kann. Die Geschäftsvorfälle müssen sich in ihrer Entstehung und Abwicklung verfolgen lassen.	Buchführung nach den Grundsätzen ordnungsgemäßer Buchführung und einem Dritten in angemessener Zeit einen Überblick über die wirtschaftliche Lage des Unternehmens verschaffen
§ 239 HGB	
(1) Bei der Führung der Handelsbücher und bei den sonst erforderlichen Aufzeichnungen hat sich der Kaufmann einer lebenden Sprache zu bedienen.	Führung der Handelsbücher in einer lebendigen Sprache (Deutsch)
(2) Die Eintragungen in Büchern und die sonst erforderlichen Aufzeichnungen müssen vollständig, richtig, zeitgerecht und geordnet vorgenommen werden.	Aufzeichnungen müssen vollständig, richtig, zeitgerecht und geordnet sein.
(3) Eine Eintragung oder eine Aufzeichnung darf nicht in einer Weise verändert werden, daß der ursprüngliche Inhalt nicht mehr feststellbar ist. Auch solche Veränderungen dürfen nicht vorgenommen werden, deren Beschaffenheit es ungewiß läßt, ob sie ursprünglich oder erst später gemacht worden sind.	Aufzeichnungen nicht verändern, dass der ursprüngliche Inhalt nicht mehr feststellbar ist
(4) Die Handelsbücher und die sonst erforderlichen Aufzeichnungen können auch in der geordneten Ablage von Belegen bestehen oder auf Datenträgern geführt werden, soweit diese Formen der Buchführung einschließlich des dabei angewandten Verfahrens den Grundsätzen ordnungsmäßiger Buchführung entsprechen. Bei der Führung der Handelsbücher und der sonst erforderlichen Aufzeichnungen auf Datenträgern muß insbesondere sichergestellt sein, daß die Daten während der Dauer der Aufbewahrungsfrist verfügbar sind und jederzeit innerhalb angemessener Frist lesbar gemacht werden können. Absätze 1 bis 3 gelten sinngemäß.	IT-gespeicherte Daten müssen jederzeit in einer angemessenen Frist lesbar sein.

Gesetzliche Grundlage	Grundsätze ordnungsgemäßer Buchführung
§ 246 HGB (2) Posten der Aktivseite dürfen nicht mit Posten der Passivseite, Aufwendungen nicht mit Erträgen, Grundstücksrechte nicht mit Grundstückslasten verrechnet werden.	Verrechnungsverbot von Vermögen mit Schulden sowie von Aufwendungen und Erträgen

§ 257 HGB
 	
(1) Jeder Kaufmann ist verpflichtet, die folgenden Unterlagen geordnet aufzubewahren:
 	
  1. Handelsbücher, Inventare, Eröffnungsbilanzen, Jahresabschlüsse, Einzelabschlüsse nach § 325 Abs. 2a, Lageberichte, Konzernabschlüsse, Konzernlageberichte sowie die zu ihrem Verständnis erforderlichen Arbeitsanweisungen und sonstigen Organisationsunterlagen,
 	
  2. die empfangenen Handelsbriefe,
 	
  3. Wiedergaben der abgesandten Handelsbriefe,
 	
  4. Belege für Buchungen in den von ihm nach § 238 Abs. 1 zu führenden Büchern (Buchungsbelege).
 	
(5) Die Aufbewahrungsfrist beginnt mit dem Schluß des Kalenderjahrs, in dem die letzte Eintragung in das Handelsbuch gemacht, das Inventar aufgestellt, die Eröffnungsbilanz oder der Jahresabschluß festgestellt, der Einzelabschluss nach § 325 Abs. 2a oder der Konzernabschluß aufgestellt, der Handelsbrief empfangen oder abgesandt worden oder der Buchungsbeleg entstanden ist.
	Aufbewahrungsfrist, z. B. von Bilanzen beträgt 10 Jahre, von Handelsbriefen 6 Jahre

§ 146 Abgabenordnung (→AO) (1) [...] Kasseneinnahmen und Kassenausgaben sind täglich festzuhalten.	tägliche Buchung der Kasseneinnahmen und -ausgaben

IM ÜBERBLICK

Wesentliche Grundsätze ordnungsgemäßer Buchführung sind z. B.:

► keine Buchung ohne Beleg

► keine Verrechnung von Aktiv- und Passivkonten sowie Aufwendungen und Erträgen

► tägliche Buchung der Kasseneinnahmen und -ausgaben

► IT-gespeicherte Daten müssen jederzeit in einer angemessenen Frist lesbar sein.

1.4 Buchführungspflichten nach Handels- und Steuerrecht

Die Finanzbuchführung wird durch mehrere gesetzliche Vorschriften beeinflusst.

Wichtige Wirtschaftsgesetze sind:

► HGB (Handelsgesetzbuch)

► AktG (Aktiengesetz)

► GmbHG (GmbH-Gesetz).

Wichtige Steuergesetze sind:

▶ AO (Abgabenordnung)

▶ EStG (Einkommensteuergesetz)

▶ KStG (→**Körperschaftsteuergesetz**)

▶ UStG (Umsatzsteuergesetz).

HGB
▶ Buchführungspflicht gemäß § 238 Abs. 1 HGB betrifft den eingetragenen Kaufmann im Handelsregister; Kaufmann ist, wer nach § 1 Abs. 1 HGB ein Handelsgewerbe betreibt.   § 1 Abs. 2 HGB: Handelsgewerbe ist jeder Gewerbebetrieb, es sei denn, daß das Unternehmen nach Art oder Umfang einen in kaufmännischer Weise eingerichteten Geschäftsbetrieb nicht erfordert.   Ein Gewerbebetrieb definiert sich durch: -   Selbstständigkeit (keine Arbeitnehmer, Beamter)   -   nachhaltige Betätigung (Vielzahl von Geschäften, auf kürzere Zeit, z. B. Verkauf auf Jahrmarkt)   -   Gewinnerzielungsabsicht   -   Teilnahme am wirtschaftlichen Verkehr (Handeln als Marktteilnehmer).
▶ § 241a HGB: Befreiung von der Buchführungspflicht und Erstellung eines →**Inventars** für Einzelkaufleute, wenn in zwei aufeinander folgenden Geschäftsjahren jeweils der Jahresumsatz 800 T € **und** jeweils der Jahresgewinn 80 T € **nicht** übertroffen werden. Betroffene Einzelkaufleute setzen eine →**Einnahmen-Überschuss-Rechnung** (§ 4 Abs. 3 EStG) ein.
AO
▶ § 140 AO: Aus steuerrechtlicher Sicht ist eine Buchführungspflicht gegeben, wer nach „anderen Gesetzen" (HGB § 238 Abs. 1) zur Buchführung verpflichtet ist.
▶ § 141 AO: (Steuerliche) Buchführungspflicht bestimmter Steuerpflichtiger (gewerbliche Unternehmer, Land- und Forstwirte), deren Jahresumsatz 800 T € **oder** der Jahresgewinn 80 T € übersteigt

Die nachfolgende Abbildung soll dazu beitragen, die Buchführungspflicht zu prüfen:[1]

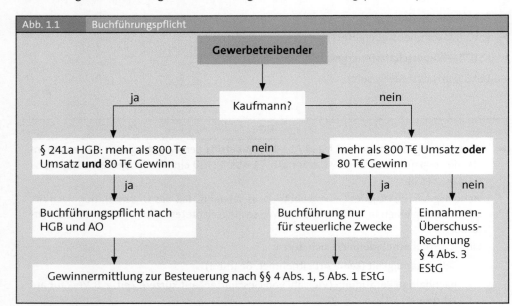

Abb. 1.1   Buchführungspflicht

weitere steuerrechtliche Vorschriften	Neben der AO sind zu beachten: ▶ Einkommensteuergesetz (EStG) ▶ Körperschaftsteuergesetz (KStG) ▶ Umsatzsteuergesetz (UStG) ▶ Durchführungsverordnungen: EStDV, KStDV, UStDV ▶ Richtlinien: EStR, KStR.
rechtsformorientierte Vorschriften	▶ Aktiengesetz (AktG): § 150 ff. ▶ GmbH-Gesetz (GmbHG): § 5a, § 41 und 42 ff.

Freiberufler (z. B. Ärzte, Rechtsanwälte) sind nach § 18 EStG **nicht** zur Buchführung verpflichtet. Eine Buchführung ist jedoch wegen dem Überblick sowie dem daraus ableitbarem →**Controlling** empfehlenswert. Freiberufler müssen eine Einnahmen-Überschuss-Rechnung (EÜR) erstellen.

IM ÜBERBLICK

▶ Buchführungspflicht für den eingetragenen Kaufmann im Handelsregister ist gegeben, wenn mehr als 800 T € Umsatz **und** 80 T € Gewinn in einem Geschäftsjahr vorliegen.

▶ Wenn **keine** Kaufmannseigenschaft gegeben ist und mehr als 800 T € Umsatz **oder** 80 T € Gewinn vorliegt, dann ist eine Buchführungspflicht gegeben.

---

1 In Anlehnung an Meyer, C. / Theile, C., 2017, S. 31.

2. Finanzbuchhaltung

2.1 Grundlagen

2.1.1 Adressaten der Finanzbuchhaltung

Nachfolgend werden Stakeholder (Interessensgruppen) der Finanzbuchhaltung vorgestellt:

Stakeholder

Interessengruppen (Adressaten) Finanzbuchhaltung	Erläuterung
Finanzbehörden	Aufgrund der gesetzlichen Regelungen zur Buchführungspflicht haben die Finanzbehörden ein großes Interesse, ob der **steuerpflichtige Gewinn** des Unternehmens ordnungsgemäß ermittelt wurde.
Geschäftsleitung	Die Geschäftsleitung benötigt Informationen, ob das Unternehmen Gewinn erzielt und eine **Rentabilität** (siehe >> Kapitel 4.2 Rentabilitätsrechnungen) aufweist.
Gesellschafter	Die Gesellschafter haben Interesse, wie das eingesetzte Eigenkapital sich verzinst (**Eigenkapitalrendite**, siehe >> Kapitel 4.2.1 Eigenkapitalrentabilität).
Controller	Der Controller kann **Kennzahlen** erstellen, die er über die Zeit vergleicht. Die Informationen erhält er von der Finanzbuchführung.
Kalkulationsabteilung	Die Kalkulation für ein Produkt benötigt Informationen, die aus der Finanzbuchführung stammen. Sie werden über die **Ergebnistabelle** für die Kosten- und Leistungsrechnung aufbereitet.
Betriebsrat	Der Betriebsrat hat Interesse am **Gewinn**, da die Existenz des Unternehmens sowie die **Arbeitsplätze** verbunden sind.
Banken	Banken vergeben Kredite an Unternehmen. Sie haben Interesse, wie z. B. die **Liquidität** des Unternehmens ist, um den Kapitaldienst (Zinsen, Tilgung) zu begleichen. Die Liquidität ist aus den Bankkonten, der Kasse sowie aus den Forderungen aus Lieferungen und Leistungen ableitbar.
Kunden und Lieferanten	Die Finanzbuchhaltung kann eine Saldenbestätigung zum Geschäftsjahresende den Kunden und Lieferanten übermitteln, damit die **Forderungen und Verbindlichkeiten** überprüft werden können.

2.1.2 Bereiche der Finanzbuchhaltung

Die Finanzbuchführung beinhaltet mehrere Bücher, in denen die **Geschäftsfälle** (siehe >> Kapitel 2.1.3 Aufgaben der Finanzbuchhaltung) dokumentiert werden.

Grund- und Hauptbuch

→Grundbuch (Journal)	Die Geschäftsfälle (siehe >> Kapitel 2.1.3 Aufgaben der Finanzbuchhaltung) werden von der Finanzbuchhaltung **zeitlich** (**chronologisch**) und sachlich geordnet.
→Hauptbuch	Die **sachliche** Ordnung der Finanzbuchführung erfolgt im **Hauptbuch** über einen Kontenrahmen, z. B. Industriekontenrahmen (IKR) oder von DATEV.

Nebenbuchhaltung

Die **Nebenbuchhaltungen (→Nebenbücher)** weisen weitere Bereiche der Finanzbuchhaltung auf:

Kontokorrentbuchhaltung
Debitorenbuchhaltung: Die Forderungen aus Lieferungen und Leistungen an Kunden werden dokumentiert.   **Kreditorenbuchhaltung**: Die Verbindlichkeiten aus Lieferungen und Leistungen werden erfasst.   Die Kontokorrentbuchhaltung ist auch für rechtzeitige Zahlungen und für das Mahnwesen wichtig.

Anlagenbuchhaltung
Das Anlagevermögen (z. B. Gebäude, Grundstück, Maschinen, Betriebs- und Geschäftsausstattung) wird in Konten und Dateien sowie mit einem Anlagenspiegel erfasst.   Der Anlagenspiegel enthält die Anschaffungskosten, Zu- und Abgänge der Anlagegüter, die **→Abschreibungen** und die Buchwerte. Zudem können verschiedene Daten (Lieferant, Versicherungen usw.) miterfasst werden.

Lagerbuchhaltung
Die Produktionsabteilung hat Interesse an der Lagerbuchhaltung. Wenn die Teile im Lager nicht ausreichend sind für die Produktion, dann kann nicht gefertigt werden. Daher werden z. B. für jeden Werkstoff die Zu- und Abgänge sowie die Lagerbestände dokumentiert.   Die Lagerbuchhaltung liefert dem Controlling die **mengen- und wertmäßigen Lagerbestände**. Daraus können Kennzahlen, z. B. Lagerumschlag sowie auch die Kapitalbindung im Lager, beobachtet werden.

Lohn- und Gehaltsbuchhaltung
Die Mitarbeiter des Unternehmens benötigen einen Nachweis für das Finanzamt über das Bruttogehalt, Bruttolöhne, Beiträge zu den Sozialversicherungen usw. Diese Informationen liefert die Gehaltsbuchführung. Daher wird für **jeden Mitarbeiter ein Lohn- und Gehaltskonto** geführt.

In einem **Bilanzbuch** können die Eröffnungsbilanz und die Schlussbilanz eines jeden Geschäftsjahres aufbewahrt werden.

2.1.3 Aufgaben der Finanzbuchhaltung

Geschäftsfälle

Im Rahmen der Finanzbuchhaltung werden die **Geschäftsfälle** (siehe auch >> Kapitel 2.1.2 Bereiche der Finanzbuchhaltung) des Unternehmens dokumentiert. Welche Geschäftsfälle sind denkbar?

► Kauf eines LKW: **Das Vermögen nimmt zu.**

► Aufnahme eines Kredits bei der Hausbank: Die **Schulden nehmen zu.**

► Bezahlung der Löhne: Es kommt zu (Geld-)**Auszahlungen.**

► Ein Kunde bezahlt die Rechnung: Es erfolgt eine **Einzahlung.**

► Betriebsstoffe werden in der Produktion verbraucht: Es entsteht ein **→Werteverzehr** (Verbrauch des Betriebsstoffs und somit des Wertes). Dadurch ist ein **Aufwand** gegeben.

► Ware wird an einen Kunden verkauft: Es wird Umsatz und somit **Ertrag (→Wertezuwachs)** erzeugt.

Was ist ein **Wert**? Ein →**Wert** besteht aus dem Produkt „Menge multipliziert mit dem Preis".

▶ Umsatz = Preis pro Stück · abgesetzte Stückzahl

Ein Mountain-Bike kostet 2.000 €. Bei drei verkauften Mountain-Bikes wird ein Umsatz von 3 Stück multipliziert mit 2.000 € pro Stück (= 6.000 €) erzeugt. Es erfolgt ein Zuwachs an Werten, auch weil das →**Eigenkapital** durch den Umsatz erhöht wird.

▶ Betriebsstoffverbrauch = Faktorpreis · verbrauchte Stückzahl

Für die Produktion eines Produkts werden 300 Liter Öl benötigt. Ein Liter Öl kostet einen Euro (Faktorpreis).

Betriebsstoffaufwand = 1 €/l · 300 l = 300 €

Wenn die Betriebsstoffe verbraucht werden, dann entsteht ein Werteverzehr, weil der Betriebsstoff durch den Verbrauch nicht mehr vorhanden ist; er wird verzehrt. Betriebsstoffe stellen Aufwand dar, reduzieren den Gewinn und somit das Eigenkapital.

Geschäftsfälle führen zu:

▶ einer Veränderung von Vermögen und Schulden

▶ Ein- oder Auszahlungen

▶ Aufwand oder Ertrag.

Für jeden Geschäftsfall muss ein **Beleg** erstellt werden. Belege sind z. B. Ein- und Ausgangsrechnungen, Kontoauszüge, Kassenbelege. Wenn kein Beleg vorhanden ist, muss ein Eigenbeleg erstellt werden, da der Grundsatz gilt: Keine Buchung ohne Beleg.

Aufgaben der Finanzbuchhaltung sind:

▶ Die Geschäftsfälle werden von der Finanzbuchhaltung zeitlich (chronologisch) und sachlich geordnet. Die zeitliche Ordnung erfolgt im Journal (Grundbuch) und die sachliche Ordnung im Hauptbuch.

▶ Die Veränderungen von Vermögen und Schulden, die Ein- und Auszahlungen sowie die Aufwendungen und Erträge müssen lückenlos dokumentiert werden.

▶ Der Stand des Vermögens und der Schulden sowie der Gewinn (Differenz von Erträgen abzüglich Aufwendungen) werden ermittelt.

▶ Die Daten der Finanzbuchhaltung, insbesondere die Aufwendungen, werden für die Kalkulation der Produkte verwendet.

▶ Die Gewinnermittlung der Finanzbuchführung stellt die Basis zur Besteuerung dar.

▶ Die Finanzbuchhaltung kann als Beweismittel gegenüber Kunden, Lieferanten usw. eingesetzt werden.

▶ Aufstellen der Bilanz sowie der Gewinn- und Verlustrechnung.

Aufgaben der Finanzbuchhaltung

IM ÜBERBLICK

▶ Adressaten der Finanzbuchhaltung sind z. B. Finanzbehörden, Geschäftsleitung, Gesellschafter, Controller, Betriebsrat, Banken.

▶ Bereiche der Finanzbuchführung sind: Grundbuch, Hauptbuch, Debitoren- und Kreditorenbuchhaltung, Anlagenbuchhaltung, Lagerbuchhaltung, Lohn- und Gehaltsbuchhaltung.

▶ Geschäftsfälle führen zu einer Veränderung von Vermögen und Schulden, zu Ein- oder Auszahlungen sowie zu Aufwand oder Ertrag.

▶ Aufgaben der Finanzbuchhaltung sind z. B. Geschäftsfälle dokumentieren, Aufstellen der Bilanz sowie der Gewinn- und Verlustrechnung.

2.2 Jahresabschluss

2.2.1 Inventur und Inventar

Die →**Inventur** stellt die **Bestandsaufnahme** und das Inventar das **Bestandsverzeichnis** dar. Die gesetzlichen Grundlagen zur Inventur sind in § 240 HGB und §§ 140, 141 AO dokumentiert.

Inventur

Wann muss ein Kaufmann Inventur durchführen?

► zu Beginn des Handelsgewerbes

► am Ende des Geschäftsjahres, z. B. 31.12.; ein Geschäftsjahresende kann aber auch der 30.09. sein.

Inventurarten

Die Inventur teilt sich in verschiedene Arten auf:

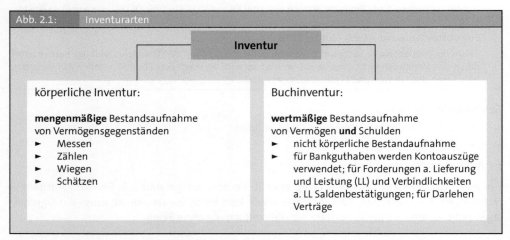

Abb. 2.1: Inventurarten

Inventur

körperliche Inventur:

mengenmäßige Bestandsaufnahme von Vermögensgegenständen
► Messen
► Zählen
► Wiegen
► Schätzen

Buchinventur:

wertmäßige Bestandsaufnahme von Vermögen **und** Schulden
► nicht körperliche Bestandaufnahme
► für Bankguthaben werden Kontoauszüge verwendet; für Forderungen a. Lieferung und Leistung (LL) und Verbindlichkeiten a. LL Saldenbestätigungen; für Darlehen Verträge

Die Ergebnisse der körperlichen Inventur, z. B. für Roh-, Hilfs- und Betriebsstoffe, Betriebs- und Geschäftsausstattung, werden in eine Inventurliste eingetragen. Durch Multiplikation der Einzelpreise mit der ermittelten Menge wird der Wert für die Vermögensgegenstände berechnet. Bei der Inventur kann auch moderne Technik (z. B. Barcodes, Scanner) eingesetzt werden.

Für manche Vermögensgegenstände ergibt das explizite Zählen keinen Sinn, beispielsweise wenn man sich einen Unternehmer mit einem Fahrzeug vorstellt. Für größere Anlagegegenstände (z. B. Technische Anlagen, Maschinen, Fahrzeuge) wird ein Anlagenspiegel geführt, der das Anschaffungsdatum, die Anschaffungskosten und die Abschreibung enthält. Wenn ein Anlagenspiegel eingesetzt wird, dann braucht keine körperliche Bestandsaufnahme durchgeführt werden.

Organisation der Inventur

Bei größeren Lagerbeständen sollte die Inventur geplant werden. Insbesondere der Personaleinsatz (häufig Arbeitskräfte auf Stundenbasis) sowie die Zurverfügungstellung der Scanner sind zu organisieren. Die entsprechenden Formulare sind bereitzustellen und der Zeitpunkt der Inventur ist zu planen.

Hinsichtlich des Zeitpunktes der Inventur gibt es für das Vorratsvermögen (Roh-, Hilfs- und Betriebsstoffe, fertige und unfertige Erzeugnisse, Handelswaren) gemäß der Einkommensteuerrichtline EStR R 5.3 i.V. m. § 241 HGB verschiedene Ansätze.
Nachfolgend werden die Verfahren

► Stichtagsinventur

► zeitverschobene Inventur

► permanente Inventur

beschrieben, die der Vereinfachung der Bestandaufnahme dienen.

Stichtagsinventur

Die **Stichtagsinventur** findet 10 Tage vor und 10 Tage nach dem Bilanzstichtag statt.

Mengen und Werte werden auf den 31.12. fortgeschrieben beziehungsweise rückgerechnet., wenn Zu- und Abgänge zwischen dem Bilanzstichtag und dem Tag der Inventur auftreten.

Der Vorteil der Stichtagsinventur liegt in der kompakten Erfassung der körperlichen Vermögensgegenstände an einem Tag. Ein Nachteil besteht darin, dass ein hoher Organisationsaufwand sowie häufig auch eine Schließung des Unternehmens erforderlich sind.

Die **zeitverschobene Inventur** findet drei Monate vor oder zwei Monate nach dem Bilanzstichtag statt.

Die körperliche Bestandsaufnahme kann ganz oder teilweise (zu verschiedenen Zeitpunkten) in diesem Zeitraum durchgeführt werden.
EStR R 5.3: *„Die Bestandsveränderungen zwischen dem Inventurstichtag und dem Bilanzstichtag brauchen ebenfalls nicht nach Art und Menge aufgezeichnet zu werden. Sie müssen* **nur wertmäßig** *[fett durch Verfasser] erfasst werden."*

Inventur am 07.01.01 mit einem Wert von 500 €; Wert der Zugänge 300 € (1.1. - 7.1.); Wert der Abgänge 100 € (1.1. - 7.1.)

Wert am 07.01.01	500 €
- Wert Zugänge	300 €
+ Wert Abgänge	100 €
Wert 31.12.00	300 €

Bei der **permanenten Inventur** wird die körperliche Bestandsaufnahme dann vollzogen, wenn es für den Kaufmann günstig ist (z. B. bei Bauunternehmen im Winter). Am Abschlussstichtag wird der Inventurbestand ohne körperliche Bestandsaufnahme festgestellt. Art und Menge der Vermögensgegenstände werden aus den Lagerdateien bestimmt.

EStR R 5.3 zeigt folgende Voraussetzungen auf:

▶ Lagerbücher und Lagerkarteien müssen alle Bestände und alle Zugänge und Abgänge einzeln nach Tag, Art und Menge dokumentieren. Alle Eintragungen müssen durch Belege nachgewiesen werden.

▶ Eine körperliche Bestandsaufnahme muss **mindestens einmal im Jahr zu einem beliebigen Zeitpunkt** erfolgen. Damit wird geprüft, ob die tatsächlichen Bestände mit den Beständen der Lagerbücher übereinstimmen.

▶ Es muss ein Protokoll über die körperliche Bestandsaufnahme erfolgen, das den Zeitpunkt der Inventur sowie die aufnehmenden Personen ausweist.

Nach Einkommensteuer-Richtlinie EStR R 5.3 ist eine permanente sowie eine zeitverschobene Inventur nicht zulässig, wenn Bestände durch Schwund, Verderb usw. gekennzeichnet sowie im Verhältnis des jeweiligen Betriebs besonders wertvoll sind.

Die Bestände automatisierter Lagersysteme, z. B. Hochregallager, können ohne körperliche Bestandsaufnahme, also nur über Lagerdateien, bestimmt werden, wenn kein manueller Zugriff auf die Bestände möglich ist und ein verlässliches Lagerdokumentationssystem vorliegt.

Das Inventar stellt das Bestandsverzeichnis dar. Das Inventar wird wie folgt gegliedert:

▶ A. Vermögen:

I. Anlagevermögen: Grundstücke, Gebäude, Maschinen, Fuhrpark, Betriebs- und Geschäftsausstattung (z. B. Laptop, Kopierer, Schreibtische)

II. Umlaufvermögen: Bestände an Roh-, Hilfs- und Betriebsstoffen[1], fertige und unfertige Erzeugnisse[2], Forderungen aus Lieferung und Leistung, Bankguthaben, Kasse

Das Vermögen ist nach der Liquidität (Flüssigkeit) geordnet. Wenn ein Vermögensgegenstand weniger schnell in Geld umgewandelt werden kann, dann steht er in der Gliederung höher. Grundstücke sind weniger flüssig als Bankguthaben.

---

1 Rohstoffe sind Hauptbestandteil des Erzeugnisses (z. B. beim Tisch die Tischplatte). Hilfsstoffe sind z. B. der Leim oder Schrauben. Betriebsstoffe (z. B. Strom, Öl usw.) werden eingesetzt, um die Teile z. B. automatisch zusammenzufügen.
2 Beispiel fertiges Erzeugnis: PKW; ein unfertiges Erzeugnis ist die Karosserie oder der Motor

▶ B. Schulden

Es werden lang- und kurzfristige Schulden unterschieden:

– **langfristig**: Darlehen (Laufzeit z. B. 10 Jahre)
– **kurzfristig**: Verbindlichkeiten aus Lieferung und Leistung (Zahlungsziel z. B. vier Wochen)

Die Schulden werden nach der Fristigkeit strukturiert. Langfristige Schulden werden vor den kurzfristigen Schulden dokumentiert.

▶ C. Eigenkapital = Reinvermögen

Vermögen
- Schulden
= Eigenkapital (= Reinvermögen)

INVENTAR			
A.	**Vermögen**	€	€
I.	**Anlagevermögen**		
1.	unbebautes Grundstück Schlossallee 11	800.000	
	bebautes Grundstück Badstraße 13	200.000	
	Betriebsgebäude	900.000	1.900.000
4.	Maschinen lt. Anlagespiegel	750.000	750.000
5.	Fuhrpark lt. Anlagespiegel	150.000	150.000
6.	Betriebs- und Geschäftsausstattung lt. Anlagespiegel	50.000	50.000
II.	**Umlaufvermögen**		
1.	Rohstoffe lt. Inventurliste	200.000	200.000
2.	Hilfsstoffe lt. Inventurliste	100.000	100.000
3.	Betriebsstoffe lt. Inventurliste	30.000	30.000
4.	unfertige Erzeugnisse lt. Inventurliste	600.000	600.000
5.	fertige Erzeugnisse lt. Inventurliste	200.000	200.000
6.	Forderungen aus Lieferung und Leistung		
	Fa. Maier	40.000	
	Fa. Huber	30.000	70.000
7.	Bankguthaben Bank XY	100.000	100.000
Summe Vermögen			**4.150.000**
B.	**Schulden**		
1.	Darlehen bei der Bank XY	500.000	500.000
2.	Verbindlichkeiten a. LL		
	Lieferant X	150.000	
	Lieferant Y	250.000	400.000
Summe Schulden			**900.000**
C.	**Reinvermögen**		
	Vermögen		4.150.000
-	Schulden		900.000
=	**Eigenkapital**		**3.250.000**

Merkmale des Inventars sind:

▶ Das Inventar ist eine **ausführliche** Darstellung des Vermögens und der Schulden nach **Art, Menge und Wert**.
▶ Das Inventar wird in **Staffelform** dargestellt.
▶ Das Inventar orientiert sich (tendenziell) an der Gliederung der Bilanz nach § 266 HGB, da die Werte des Inventars dann in die Bilanz (verdichtet) übernommen werden.
▶ Die Aufbewahrungsfrist beträgt 10 Jahre gemäß § 257 Abs. 4 HGB.

► Die Inventur stellt die Bestandsaufnahme und das Inventar das Bestandsverzeichnis dar.

► Die Inventur muss zu Beginn des Handelsgewerbes sowie zum Schluss eines jeden Geschäftsjahres erfolgen.

► Die Inventur wird in eine körperliche Bestandsaufnahme sowie in eine Buchinventur (nicht körperlich) unterteilt.

► Die Inventurverfahren für das Vorratsvermögen sind das Stichtagsverfahren, die zeitverschobene Inventur sowie die permanente Inventur.

► Das Inventar (= Bestandsverzeichnis) beinhaltet das Vermögen, die Schulden sowie das Eigenkapital (= Reinvermögen).

2.2.2 Aufbau der Bilanz

Das Inventar stellt Vermögen und Schulden ausführlich sowie detailliert nach Art, Menge und Wert dar, während in einer Bilanz Vermögen und Schulden nur wertmäßig gegenübergestellt werden.

Im Rahmen der *doppelten* Buchführung wird ein Geschäftsfall durch *zwei* Bilanzposten betrachtet. Eine Münze hat auch zwei Seiten: Zahl und Adler.

Bei einer Bilanz werden ebenso zwei Seiten betrachtet: Aktiva und Passiva

► Passivseite: Kapital*herkunft* (eigene oder fremde Mittel), →**Finanzierung**

► Aktivseite: *Verwendung* des Kapitals, **Investition**

Der Begriff „Bilanz" stammt aus dem Italienischen (bilancia) und bedeutet „Waage". Im Gleichgewicht sind die zwei Seiten einer Waage gleich schwer (bzw. die Werte gleich groß). Eine Darstellung der Bilanzpositionen findet sich in § 266 HGB.

Aktiva		Bilanz	Passiva	
Vermögen			Schulden	
Anlagevermögen	90		Eigenkapital	50
Umlaufvermögen	40		Fremdkapital	80
Gesamtvermögen	130		Gesamtkapital	130

Wenn man die Bilanz als eine Münze betrachtet, dann werden die zwei Seiten mit der Finanzierung und Investition deutlich. Das Gesamtkapital von 130 wird für das Anlagevermögen (90) und das Umlaufvermögen (40) verwendet. Die Bilanzsumme beträgt 130. Es gilt die →**Bilanzgleichung:**

Anlagevermögen + Umlaufvermögen = Eigenkapital + Fremdkapital

Die Bilanz ist nach § 266 Abs. 1 HGB in **Kontenform** aufzustellen. Die Gliederung der Bilanz ist in § 266 HGB dokumentiert. Kapitalgesellschaften **müssen** nach § 266 HGB die Bilanz aufstellen, während sich Einzelunternehmen sowie Personengesellschaften an der Bilanzgliederung orientieren können.

► In einer Bilanz werden Vermögen und Schulden **wertmäßig** gegenübergestellt.

► Auf der Aktivseite steht die Mittelverwendung mit Anlage- und Umlaufvermögen.

► Die Passivseite beinhaltet das Eigenkapital und das Fremdkapital, welche die Finanzierung des Unternehmens aufzeigen.

2.2.3 Bestandskonten und Erfolgskonten

2.2.3.1 Grundlegender Zusammenhang

Eröffnungsbilanz, Hauptbuch, Schlussbilanz

Die →**Bestandskonten** und →**Erfolgskonten** werden im Rahmen des Hauptbuches dargelegt. Der Ablauf von der Eröffnungsbilanz bis zur Schlussbilanz wird durch die folgende Erläuterung aufgezeigt.

Schritte
1. Die Anfangsbestände der Aktiv- und Passivkonten (Bestandskonten) der Eröffnungsbilanz zum 01.01. eines Geschäftsjahres werden in ein Eröffnungsbilanzkonto (erstes →**Konto** im Hauptbuch) übertragen.
2. Vom Eröffnungsbilanzkonto werden die Anfangsbestände auf die Sachkonten des Hauptbuches gebucht.
3. Im Geschäftsjahr 01.01. bis 31.12. werden die Erfolgskonten eröffnet, die keine Bestände haben. **Beispiel**: Löhne, Gehälter, Verbrauch an Roh-, Hilfs- und Betriebsstoffen, Umsätze
4. Im Gewinn- und Verlustkonto werden auf der Habenseite die Erträge (z. B. Umsätze) und auf der Sollseite die Aufwendungen (Löhne, Gehälter, Verbrauch an Roh-, Hilfs- und Betriebsstoffen) gebucht. Die Differenz zwischen Erträgen und Aufwendungen ergibt den Erfolg, der ein Gewinn oder Verlust sein kann.
5. Der Erfolg wird in das Eigenkapitalkonto eingetragen.
6. Es werden zum 31.12. die Schlussbestände der Aktiv- und Passivkonten ermittelt und in das Schlussbilanzkonto eingetragen. Das Schlussbilanzkonto ist das letzte Konto im Hauptbuch.
7. Die Aktiv- und Passivkonten werden einer „bilanzpolitischen" Bewertung unterzogen. Dann wird die Schlussbilanz erstellt.

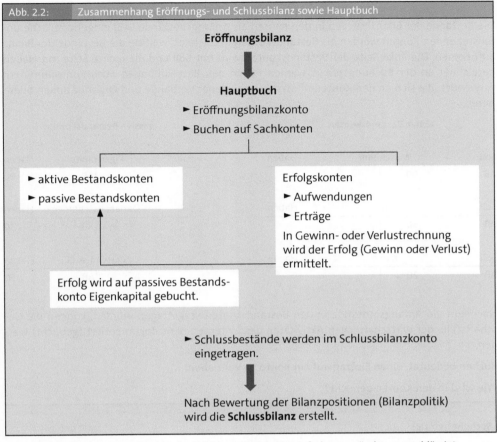

Abb. 2.2: Zusammenhang Eröffnungs- und Schlussbilanz sowie Hauptbuch

Eröffnungsbilanz

Hauptbuch
- Eröffnungsbilanzkonto
- Buchen auf Sachkonten

- aktive Bestandskonten
- passive Bestandskonten

Erfolgskonten
- Aufwendungen
- Erträge

In Gewinn- oder Verlustrechnung wird der Erfolg (Gewinn oder Verlust) ermittelt.

Erfolg wird auf passives Bestandskonto Eigenkapital gebucht.

- Schlussbestände werden im Schlussbilanzkonto eingetragen.

Nach Bewertung der Bilanzpositionen (Bilanzpolitik) wird die **Schlussbilanz** erstellt.

Das Eröffnungsbilanzkonto wird in der Abbildung 2.2 aus Vereinfachungsgründen vernachlässigt.

HINWEIS

2.2.3.2 Buchung auf Bestandskonten

Die Finanzbuchführung setzt für die Dokumentation der Geschäftsfälle Konten ein. Wie in der untenstehenden Bilanz durch die fett dargestellten Linien verdeutlicht, wird ein sogenanntes „T-Konto" im Rahmen der Finanzbuchführung benutzt. Das T-Konto findet bei der Bilanz, der Gewinn- und Verlustrechnung sowie für die Darstellung der einzelnen Konten Anwendung. Was ist ein Konto?

Ein Konto stellt die Abrechnung eines Postens der Bilanz oder der Gewinn- und Verlustrechnung dar.

Für jeden Bilanzposten wird im Rahmen der Eröffnungsbilanz bei der Unternehmensgründung oder zu Beginn eines Geschäftsjahres ein separates Konto gebildet. Die Anfangsbestände der Eröffnungsbilanz des Berichtsjahres entsprechen den Beständen der Schlussbilanz des Vorjahres (**Bilanzidentität**), die durch Inventur festgestellt werden.

Aktiva	Eröffnungsbilanz			Passiva
Vermögen		Schulden		
Anlagevermögen	90	Eigenkapital		80
Umlaufvermögen	70	Fremdkapital		80
Bank	50	Darlehensschulden	30	
Kasse	20	Verbindlichkeiten a. LL	50	
Gesamtvermögen	160	Gesamtkapital		160

Die Bestände der Bilanz werden in den Konten als Anfangsbestände (AB) eingetragen. Die untenstehenden Konten werden als **Bestandskonten** bezeichnet, weil sie die Bestände der Bilanz aufnehmen. Die linke Seite der Bestandskonten wird mit **Soll** und die rechte Seite mit **Haben** bezeichnet. In der Buchungspraxis werden neben den Bezeichnungen auch Kontonummern verwendet, die sich an den **Kontenrahmen** verschiedener Verbände und Organisationen orientieren.

<table>
<tr><td colspan="3" align="center">aktive Bestandskonten</td><td colspan="3" align="center">passive Bestandskonten</td></tr>
<tr><td>Soll</td><td align="center">Maschinen</td><td>Haben</td><td>Soll</td><td align="center">Eigenkapital</td><td>Haben</td></tr>
<tr><td>AB</td><td>90</td><td></td><td></td><td>AB</td><td>80</td></tr>
<tr><td>Soll</td><td align="center">Bank</td><td>Haben</td><td>Soll</td><td align="center">Darlehensschulden</td><td>Haben</td></tr>
<tr><td>AB</td><td>50</td><td></td><td></td><td>AB</td><td>30</td></tr>
<tr><td>Soll</td><td align="center">Kasse</td><td>Haben</td><td>Soll</td><td align="center">Verbind. a. LL</td><td>Haben</td></tr>
<tr><td>AB</td><td>20</td><td></td><td></td><td>AB</td><td>50</td></tr>
</table>

Nachdem die Anfangsbestände in den Bestandskonten vorgetragen wurden, können die Geschäftsfälle der wirtschaftlichen Aktivitäten des Unternehmens dokumentiert **(gebucht)** werden.

Buchen bedeutet, einen Eintrag auf ein Konto zu vollziehen.

Wie wird in den Konten gebucht?

WICHTIG

Buchungsprinzip:

Die nachfolgenden Inhalte des Aktiv- und Passivkontos sind für die Bildung der Buchungssätze wesentlich.

<table>
<tr><td>Soll</td><td align="center">Aktivkonto</td><td>Haben</td><td>Soll</td><td align="center">Passivkonto</td><td>Haben</td></tr>
<tr><td>Anfangsbestand</td><td>Abgänge</td><td></td><td>Abgänge</td><td>Anfangsbestand</td><td></td></tr>
<tr><td>Zugänge</td><td>Schlussbestand</td><td></td><td>Schlussbestand</td><td>Zugänge</td><td></td></tr>
</table>

Es gilt der Grundsatz für eine Buchung:

„Zuerst Soll, dann Haben."

Nachfolgend werden vier Geschäftsfälle vorgestellt, die zu einem Aktivtausch, Passivtausch, Aktiv-Passiv-Mehrung und Aktiv-Passiv-Minderung führen.

Aktivtausch

1. Geschäftsfall: Ein Unternehmer kauft eine Maschine für 30 Einheiten und bezahlt per Banküberweisung.

1. Welche Konten werden angesprochen?

   Maschine, Bank

2. Wie verändern sich die Bestände?

   Wenn eine Maschine gekauft wird, dann erhöht sich der wertmäßige Bestand auf dem Konto Maschine. Durch die Banküberweisung reduziert sich der Bestand auf dem Konto Bank.

3. Handelt es sich um ein Aktiv- oder Passivkonto?

PRÜFUNGSVORBEREITUNG

Lesen Sie bitte § 266 HGB und prägen Sie sich die Bilanzposten der Aktiv- und Passivseite ein.

Da eine Maschine gekauft wird, liegt ein Aktivkonto vor und ein Zugang. Daher wird die Soll-seite des Kontos Maschine angesprochen. Bank stellt ebenfalls ein Aktivkonto dar. Jedoch be-wirkt die Überweisung einen Abgang. Deshalb erfolgt die Buchung (Eintrag im Konto) auf der Habenseite.

Der Buchungssatz lautet: Maschine an Bank 30 Einheiten

Das Wort „**an**" hat sich historisch ergeben und trennt die Soll- von der Habenseite. Links von „an" steht die Sollbuchungen, rechts die Habenbuchungen.

Beim obigen Beispiel liegt ein **Aktivtausch** vor, da auf der Aktivseite eine Zunahme beim Konto Maschine und eine Abnahme beim Konto Bank um 30 Einheiten erfolgt. Die **Bilanzsumme** än-dert sich beim Aktivtausch nicht.

2. Geschäftsfall: Umwandlung einer kurzfristigen Schuld (z. B. Lieferantenverbindlichkeit) in eine langfristige Schuld (z. B. Darlehensschuld) in Höhe von 20 Einheiten.   *Passivtausch*

Zunahme auf dem Passiv-Konto „Darlehensschuld" (Buchung Habenseite), Abnahme auf dem Passiv-Konto „Verbindlichkeiten aus Lieferung und Leistung" (Buchung Sollseite)

Der Buchungssatz lautet: Verbindlichkeiten a. LL an Darlehensschuld 20 Einheiten

Die Bilanzsumme ändert sich beim Passivtausch nicht, weil bei einem Passivkonto eine Zunah-me und bei einem anderen Passivkonto eine Abnahme mit dem gleichen Betrag erfolgt.

3. Geschäftsfall: Einkauf von Maschinen auf Ziel in Höhe von 40 Einheiten   *Aktiv-Passiv-Mehrung*

Auf „Ziel" bedeutet, dass die Rechnung erst nach z. B. drei Wochen beglichen wird. Daher wird das Konto „Verbindlichkeiten aus Lieferung und Leistung" angesprochen.

Zunahme auf dem Konto „Maschinen" (Sollseite, da Aktivkonto) um 40 Einheiten und Zunah-me auf dem Konto „Verbindlichkeiten aus Lieferung und Leistung" (Habenseite, da Passivkon-to) um 40 Einheiten

Der Buchungssatz lautet: Maschinen an Verbindlichkeiten a. LL 40 Einheiten

Die Bilanzsumme erhöht sich um 40 Einheiten.

4. Geschäftsfall: Begleichung einer Lieferantenverbindlichkeit durch Banküberweisung in Höhe von 10 Einheiten   *Aktiv-Passiv-Minderung*

Da die Lieferantenverbindlichkeit beglichen wird, erfolgt eine Abnahme auf dem Passivkonto „Verbindlichkeiten a. LL" sowie eine Abnahme auf dem Aktivkonto „Bank".

Der Buchungssatz lautet: Verbindlichkeiten a. LL an Bank 10 Einheiten

Die Bilanzsumme vermindert sich um 10 Einheiten.

Eintragung der vier Fallbeispiele in die entsprechenden Konten: *Abschluss der Konten*

Damit Buchführungsfehler leichter auffindbar sind, wird in dem Konto das jeweilige Gegen-konto des Buchungssatzes eingetragen.

Gegenkonto

Soll	Maschinen		Haben
AB	90	SB	160
1. Bank	30		
3. Verb.	40		
	160		160

Soll	Eigenkapital		Haben
SB	80	AB	80
	80		80

Soll	Bank	Haben	
AB	50	1. Maschine	30
		4. Verb.	10
		SB	10
	50		50

Soll	Darlehensschulden	Bank	
SB	50	AB	30
		2. Verbind.	20
	50		50

Soll	Kasse	Haben	
AB	20	SB	20
	20		20

Soll	Verb. a. LL	Haben	
2. Darlehen	20	AB	50
4. Bank	10	3. Maschine	40
SB	60		
	90		90

Wie werden die Konten abgeschlossen?

Durch eine Nebenrechnung wird die stärkere Seite (höherer Betrag) ermittelt und man überträgt den Betrag auf die schwächere Seite (niedrigerer Betrag).

Konto Verbindlichkeiten a. LL

Habenseite 90 - Sollseite 30 = Schlussbestand 60 (→**Saldo**)

Die Differenz zwischen dem höheren (Haben) und niedrigen Betrag (Soll) wird **Saldo** genannt. Es kann aber auch vorkommen, dass der höhere Betrag auf der Sollseite steht.

Die Schlussbestände der Bestandskonten werden in das Schlussbilanz**konto** eingetragen.

Soll	Schlussbilanzkonto		Haben	
Vermögen		**Schulden**		
Anlagevermögen	160	Eigenkapital		80
Umlaufvermögen	30	Fremdkapital		110
Bank	10	Darlehensschulden	50	
Kasse	20	Verbindlichkeiten a. LL	60	
Gesamtvermögen	**190**	**Gesamtkapital**		**190**

Das Schlussbilanzkonto ist das letzte Konto im Hauptbuch und stellt die Grundlage für die bilanzpolitischen Bewertungen dar. Aus dem Schlussbilanzkonto wird die Schlussbilanz abgeleitet.

2.2.3.3 Buchung auf Erfolgskonten

Neben den Bestandskonten gibt es noch **Erfolgskonten**. Die Erfolgskonten werden in Aufwands- und Ertragskonten unterteilt.

Abb. 2.3: Erfolgskonten

Beispiele für Aufwands- und Ertragskonten sind aus nachfolgender Gewinn- und Verlustrechnung (GuV) sowie in § 275 HGB ersichtlich.

Lesen Sie bitte § 275 HGB.

Die einzelnen Aufwands- und Ertragskonten werden im Hauptbuch geführt und dann über die Gewinn- und Verlustrechnung abgeschlossen.

Abschlussbuchungssätze: Gewinn- und Verlustrechnung an Aufwandskonto

Ertragskonto an Gewinn- und Verlustrechnung

Soll	Gewinn- und Verlustrechnung			Haben
Aufwendungen		**Erträge**		
Aufwendungen für Roh-, Hilfs- und Betriebsstoffe	50	Umsatzerlöse		300
Zinsaufwand	20	Zinserträge		20
Personalaufwand	80			
Abschreibung	40			
Gewinn	**130**			
	320			320

Der Gewinn in Höhe von 130 wird auf die Habenseite (Zugang) des Eigenkapitalkontos gebucht. Ein Gewinn erhöht und ein Verlust reduziert das Eigenkapital.

Die Aufwendungen und Erträge könnten auch direkt in das Eigenkapitalkonto gebucht werden, jedoch aus Gründen der Übersichtlichkeit wird ein Unterkonto des Eigenkapitals eingerichtet.

2.2.3.4 Abschreibung

Die Abschreibung dokumentiert den Werteverzehr des Anlagevermögens, der durch

► technischen Verschleiß,

► Nutzung,

► neue Modelle (technischer Fortschritt) und

► Naturereignisse (z. B. Hochwasser)

entstehen kann.

Die Abschreibung hat neben der **Dokumentationsfunktion** die Aufgabe, als Aufwand in der Gewinn- und Verlustrechnung den Gewinn zu mindern. Zudem dient die Ansammlung der Abschreibungsbeträge der **Finanzierung von Ersatzinvestitionen** (Reinvestitionen).

Es gibt zwei grundsätzliche Ansätze der Abschreibung:

► lineare Abschreibung

► degressive Abschreibung.

lineare und degressive Abschreibung

LINEARE ABSCHREIBUNG

lineare Abschreibung

Ein Unternehmer kauft eine Maschine mit Anschaffungskosten von 100.000 €. Die Nutzungsdauer beträgt 10 Jahre.

$$\text{Lineare Abschreibung} = \frac{\text{Anschaffungskosten}}{\text{Nutzungsdauer}} = \frac{100.000\,€}{10\,\text{Jahre}} = 10.000\,€\text{ pro Jahr}$$

$$\text{Der Abschreibungssatz } (= \frac{1}{\text{Nutzungsdauer}} \cdot 100) \text{ beträgt } 10\,\%$$

1.	Jahr	Anschaffungskosten	100.000 €
		- Abschreibung	- 10.000 €
		Buchwert (fortgeführte Anschaffungskosten)	90.000 €
2.	Jahr	- Abschreibung	- 10.000 €
		Buchwert	80.000 €
...			
10.	Jahr		

Bei der linearen Abschreibung wird jedes Jahr ein gleichbleibender Abschreibungsbetrag angesetzt. Am Ende der Nutzungsdauer beträgt der Buchwert Null. Wenn das Anlagegut weiter genutzt wird, ist ein **Erinnerungswert von 1 €** anzusetzen. Im obigen Beispiel liegt dann die Abschreibung im zehnten Jahr bei 9.999 €.

Wenn ein Gegenstand des Anlagevermögens während des Geschäftsjahres beschafft wird, dann kommt die **zeitanteilige (pro rata temporis)** Abschreibung zur Anwendung.

Ein Unternehmer kauft einen Schreibtisch für 1.200 € netto am 20.09.00. Der Geschäftsjahresschluss ist am 31.12.00. Der Zugangsmonat zählt voll zur Nutzungsdauer. Daher werden für die restlichen 4 Monate (Sept. bis Dez.) 4/12 von 1.200 € (= 400 €) als planmäßige Abschreibung angesetzt.

degressive Abschreibung

Die **degressive** Abschreibung wird im ersten Nutzungsjahr von den Anschaffungskosten berechnet. In den Folgejahren erfolgt die Berechnung der Abschreibungsbeträge vom letzten **Buchwert.**

WICHTIG

Die degressive Abschreibung ist abhängig von politischen Entscheidungen. Sie wird für bestimmte Zeit eingeführt, dann wieder eliminiert. Auch die Abschreibungsätze variieren nach politischer Entscheidung.

Ein Unternehmer kauft eine Maschine mit Anschaffungskosten von 100.000 €. Die Nutzungsdauer beträgt 10 Jahre. Der degressive Abschreibungssatz soll das Zweieinhalbfache des linearen Abschreibungssatzes betragen. Somit werden 2,5 · 10 % Abschreibungssatz (= 25 %) vom letzten Buchwert angesetzt.

		Anschaffungskosten	100.000,00 €	
1.	Jahr	- Abschreibung 25 %	-	**25.000,00 €**
		Buchwert (fortgeführte Anschaffungskosten)	75.000,00 €	
2.	Jahr	- Abschreibung 25 %	-	**18.750,00 €**
		Buchwert	56.250,00 €	
3.	Jahr	- Abschreibung 25 %	-	**14.062,50 €**
		Buchwert	42.187,50 €	
4.	Jahr	- Abschreibung 25 %	-	**10.546,88 €**
		Buchwert	31.640,62 €	
5.	Jahr	- Abschreibung 25 %	-	**7.910,16 €**
		Buchwert	23.730,46 €	
6.	Jahr	- Abschreibung 25 %	-	**5.932,62 €**
		Buchwert	17.797,84 €	
7.	Jahr	- Abschreibung 25 %		**4.449,46 €**
		Buchwert	13.348,38 €	

Dieses Beispiel wurde bis Ende siebtes Jahr durchgeführt. Es ist aus den **fettgedruckten** Zahlen ersichtlich, dass die Abschreibungsbeträge fallend (degressiv) sind. Im Rahmen der degressiven Abschreibung wird nur im Unendlichen ein Nullwert erreicht. Jedoch sind die Anlagegüter nicht unendlich nutzbar, sondern durch die Nutzungsdauer begrenzt.

Es werden die Abschreibungsbeträge des obigen Beispiels in nachfolgender Tabelle verwendet. Daraus ist ersichtlich, dass die Abschreibungsbeträge der degressiven Abschreibung **in den Jahren 1 bis 4 höher sind als bei der linearen Abschreibung.** Der Vorteil der degressiven Abschreibung wird dadurch ersichtlich, weil der Aufwand erhöht werden kann, um die Steuerzahlungen zu senken.

Vergleich lineare und degressive Abschreibung

Ein Wechsel von der linearen zur degressiven Abschreibung ist möglich durch Anwendung folgender Formel: [1]

$$\text{Jahr des Wechsels} = \text{Nutzungsdauer} - \frac{100}{\text{Abschreibungssatz}} + 1 = 10 - \frac{100}{25} + 1 = 7$$

Ein Wechsel ist sinnvoll, wenn die Restabschreibungsbeträge ab dem Wechseljahr gleich oder größer den degressiven Abschreibungsbeträgen sind. Im Beispiel ist das 7. Jahr das Jahr des Wechsels von der linearen zur degressiven Abschreibung. Im 7. Jahr ist der Abschreibungsbetrag 4.449,46 € der degressiven Abschreibung gleich dem Restabschreibungsbetrag (17.797,84 dividiert durch 4 Jahre = 4.449,46 €). Im 8. Jahr liegt die lineare Restabschreibung mit 4.449,46 € über der degressiven Abschreibung (3.337,10 €).

---

1 Schmolke, S. / Deitermann, M., 2017, S. 223.

	Lineare Abschreibung	Degressive Abschreibung, Buchwert	Wechsel degressive zu linearer Abschreibung
1. Jahr	10.000 €	25.000,00 €	
2. Jahr	10.000 €	18.750,00 €	
3. Jahr	10.000 €	14.062,50 €	
4. Jahr	10.000 €	10.546,88 €	
5. Jahr	10.000 €	7.910,16 €	
6. Jahr	10.000 €	5.932, 62 € **Buchwert Ende 6. Jahr** **17.797,84 €**	
7. Jahr	**10.000 €**	**4.449,46 €**	**4.449,46 €**
8. Jahr	10.000 €	**3.337,10 €**	**4.449,46 €**
9. Jahr	10.000 €	2.502,82 €	4,449,46 €
10. Jahr	10.000 €	1.877,12	4.449,46 €
			0,00 €

Die lineare Abschreibung ist nach Handels- und Steuerrecht erlaubt.

---

planmäßige Abschreibung

Die Möglichkeit planmäßiger Abschreibung **abnutzbarer** Anlagegegenstände durch die lineare und degressive Abschreibung wird in § 253 Abs. 3 HGB dokumentiert.

Abnutzbare Anlagegegenstände sind z. B. Gebäude, technische Anlagen, Maschinen und Fuhrpark.

Durch die planmäßige Abschreibung werden die Anschaffungskosten reduziert, sodass sich *fortgeführte* Anschaffungskosten (Buchwert) ergeben.

EXKURS

Stille Reserven

Ein Geschäftsgebäude steht mit 5 Mio. € Buchwert in der Bilanz. Der Marktpreis zum 31.12.00 ist 8 Mio. €. Die Differenz zwischen 8 und 5 Mio. € wird „stille Reserve" genannt, da das Geschäftsgebäude zu einem höheren Wert veräußerbar ist als es in der Bilanz ausgewiesen wird.

---

außerplanmäßige Abschreibung

Durch Schadensfälle (z. B. Hochwasser, Brand) oder durch technischen Fortschritt (z. B. höherer Automatisierungsgrad) bedingt können die **abnutzbaren** Anlagegegenstände auch „außerplanmäßig" abgeschrieben werden, wenn eine *„dauerhafte Wertminderung"* (§ 253 Abs. 3 HGB) vorliegt. Es besteht sogar eine Abschreibungs**pflicht**, sodass ein **strenges →Niederstwertprinzip** vorliegt. Durch die Abschreibung werden die Anlagegegenstände auf einen niedrigeren Wert herabgesetzt.

Es gibt aber auch **nicht abnutzbare** Anlagegegenstände, z. B. Grundstücke, Finanzanlagen:

▶ Grundstücke werden *nicht planmäßig* abgeschrieben. Wenn z. B. Kontaminierungen auf einem Grundstück festgestellt werden oder eine ICE-Strecke nahe am Grundstück gebaut wird und entsprechende Beeinträchtigungen mit Wertminderung vorliegen, dann **muss** (*strenges Niederstwertprinzip*) bei dauerhafter Wertminderung nach § 253 Abs. 3 HGB eine außerplanmäßige Abschreibung erfolgen.

Das zu einem Unternehmen gehörende Grundstück umfasst 1.000 qm. Das Grundstück wurde mit einem Quadratmeterpreis von 100 € beschafft. In dem Gebiet um das Grundstück soll eine Stromtrasse verlegt werden. Die Grundstückspreise in der Gegend sinken. Ein Makler schätzt den Wertverlust auf 50 %. Somit wird eine außerplanmäßige Abschreibung von 50.000 € (0,5 · 100 €/qm · 1.000 qm) angesetzt.

► Finanzanlagen **können** bei **voraussichtlich** *nicht* **dauernder** Wertminderung (§ 253 Abs. 3 HGB) im Rahmen des „gemilderten" Niederstwertprinzips „außerplanmäßig" abgeschrieben werden.

Ein Unternehmen kauft von einer AG Aktien am 10.01.00 zu Anschaffungskosten in Höhe von 100.000 €. Zum Bilanzstichtag am 31.12.00 liegt der Tageswert bei 80.000 €. Zum 31.12.00 kann eine außerplanmäßige Abschreibung von 20.000 € vorgenommen werden und somit auf den niedrigen Wert herabgesetzt werden.

Das Gegenteil von Abschreibung ist **Zuschreibung.** Nach § 253 Abs. 5 HGB darf ein niedriger Wert nicht beibehalten werden, wenn die Gründe dafür nicht mehr bestehen.

Zuschreibung

Eine zweite Bodenprobe sowie die Analyse eines Sachverständigen ergaben, dass der Boden des Grundstücks nicht so stark kontaminiert ist, wie ursprünglich angenommen. Ein Grund für eine außerplanmäßige Abschreibung ist nicht mehr gegeben.

Das Wertaufholungsgebot ist unabhängig von der Rechtsform. Lediglich in § 253 Abs. 5 Satz 2 HGB wird angeführt, dass der niedrigere Wert beizubehalten ist bei „entgeltlich erworbenen Geschäfts- oder Firmenwerten".

> Im Rahmen der Zuschreibung dürfen die Anschaffungskosten nicht überschritten werden. Sie stellen gemäß § 253 Abs. 1 HGB und § 6 Abs. 1 EStG die **Obergrenze** dar.[1]

Die geringwertigen Wirtschaftsgüter werden in § 6 Abs. 2 EStG angeführt. Es muss sich um **bewegliche, abnutzbare** Anlagegegenstände (z. B. Laptop, Drucker, Bürostuhl) handeln. Das geringwertige Wirtschaftsgut muss selbstständig nutz- und bewertbar sein (z. B. eine Maus für den PC ist nicht selbstständig nutzbar). Die Unternehmen können geringwertige Wirtschaftsgüter mit Anschaffungskosten von 250 € bis 800 € ohne Umsatzsteuer als „Sofortabschreibung" geltend machen. Es besteht ein Wahlrecht, sodass auch eine planmäßige Abschreibung erfolgen kann. Die geringwertigen Wirtschaftsgüter werden in den Anlagespiegel aufgenommen und dann fiktiv als Abgang im gleichen Jahr gebucht.[2] Wenn die Anschaffungs- und Herstellungskosten unter 250 € netto liegen, dann handelt es sich um „geringwertigste Wirtschaftsgüter", die als „sofortige Betriebsausgabe" gebucht werden können.

Abschreibung bei geringwertigen Wirtschaftsgütern

Nach § 6 Abs. 2a EStG können (Wahlrecht) Unternehmen bei Anschaffungskosten größer 250 € und bis 1.000 € einen Sammelposten (Poolabschreibung) bilden und auf 5 Jahre 20 % linear abschreiben. Wenn ein Wirtschaftsgut aus dem Sammelposten, z. B. durch Verkauf, ausscheidet, dann wird der Sammelposten nicht vermindert. Der Sammelposten wird für jedes Geschäftsjahr gebildet, der sich aus den Zugängen des Geschäftsjahres zusammensetzt.

Ein Drucker für das zentrale Verwaltungssekretariat eines Unternehmens wird mit Anschaffungskosten von 900 € am 05.03.00 gekauft. Eine Sofortabschreibung kommt wegen Überschreitung der 800 € Grenze nicht in Frage. Daher wird der Drucker dem Sammelposten zugeordnet. Am 10.07.00 wird noch ein PC für 900 € kauft. Der Sammelposten erhöht sich auf 1.800 €, wobei die jährliche Abschreibung dann 20 % (= 360 €) beträgt.

Der Unternehmer sollte überlegen, ob die Abschreibung über den Sammelposten wirklich eine Alternative zur planmäßigen Abschreibung via Einzelbewertung ist.

---

1 Vgl. Theile, C. / Meyer, C., 2021, S. 173 ff.
2 Vgl. Theile, C. / Meyer, C., 2021, S. 270.

2.2.3.5 Umsatzsteuer

Ein Großhändler kauft für 500 € + 19 % Umsatzsteuer (USt) (= 95 €) vom Produzenten Ware ein. Er verkauft die Ware für 700 € + 19 % USt (= 133 €) an den Einzelhändler, der für 1.000 € + 19 % USt (= 190 €) die Ware an den Endkunden verkauft.

Produzent	Großhändler	Einzelhändler	Endverbraucher
Umsatzsteuer-schuld 95 € durch Verkauf	Vorsteuer 95 € durch Einkauf Umsatzsteuer 133 € durch Verkauf Zahllast: Umsatzsteuer - Vorsteuer = 133 € - 95 € = 38 €	Vorsteuer 133 € durch Einkauf Umsatzsteuer 190 € durch Verkauf Zahllast: 190 € - 133 € = 57 €	Der Endverbraucher ist der Steuerträger, da er die Umsatzsteuer in Höhe von 190 € mit der Bezahlung des Kaufpreises vollständig trägt.
USt-Schuld 95 €	+ USt-Schuld 38 €	+ USt-Schuld 57 €	= 190 €

Auf jeder Umsatzstufe wird der **Mehrwert** besteuert. Der Großhändler kauft die Ware für 500 € ein und verkauft sie an den Einzelhändler für 700 € (Mehrwert = 700 € - 500 € = 200 €). 200 € · 19 % USt ergibt 38 €.

Zahllast Die **Vorsteuer** stellt eine **Forderung** gegenüber dem Finanzamt dar, während die **Umsatzsteuer** eine **Verbindlichkeit** ist. Die Differenz zwischen Umsatz- und Vorsteuer wird →**Zahllast** genannt. **Die Zahllast ist für den Unternehmer ein durchlaufender Posten.** Warum?

Umsatzsteuer als durchlaufender Posten

Der Einzelhändler hat eine Verbindlichkeit gegenüber dem Finanzamt in Höhe der Zahllast (=57 €). Der Kunde bezahlt dem Einzelhändler 190 € Umsatzsteuer aufgrund der Bezahlung des Kaufpreises.

Einzahlung durch Kunde: 190 € (Umsatzsteuer)

Auszahlung: 57 € Zahllast an Finanzamt

Auszahlung: 133 € Begleichung Rechnung an Großhändler (Vorsteuer)

Somit gleichen sich Ein- und Auszahlungen mit Bezug auf die Umsatzsteuer aus.

Einzahlung 190 € = Auszahlung (57 € + 133 € = 190 €)

IM ÜBERBLICK

► Ein Konto stellt die Abrechnung eines Postens der Bilanz oder der Gewinn- und Verlustrechnung dar.

► Buchen bedeutet, dass ein Eintrag auf einem Konto vollzogen wird.

► Die Anfangsbestände der Eröffnungsbilanz werden über das Eröffnungsbilanzkonto in das Hauptbuch übertragen.

► Die Geschäftsfälle werden auf die Bestands- und Erfolgskonten im Hauptbuch gebucht.

► Am Geschäftsjahresende erfolgt die Ermittlung der Endbestände mit der Inventur.

► Die Erfolgskonten werden in der Gewinn- und Verlustrechnung gebucht. Der ermittelte Erfolg wird in das Eigenkapitalkonto übertragen.

► Die Endbestände der Bestandskoten werden in das Schlussbilanzkonto übertragen.

► Nach bilanzpolitischer Bewertung erfolgt die Aufstellung der Schlussbilanz.

► Aufgaben der Abschreibung: Dokumentationsfunktion, z. B. des Verschleißes einer Maschine, Minderung des Gewinns und Finanzierungsfunktion

► Arten der Abschreibung:

- lineare Abschreibung $= \dfrac{\text{Anschaffungskosten}}{\text{Nutzungsdauer}}$

- degressive Abschreibung: bestimmter Prozentsatz, z. B. 25 %, vom Anschaffungswert im ersten Jahr; in den Folgejahren 25 % vom letzten Buchwert

- planmäßige Abschreibung: für abnutzbare Anlagegegenstände gemäß den Abschreibungstabellen

- außerplanmäßige Abschreibung: bei Schadensfällen, technischem Fortschritt; Grundstücke werden nicht planmäßig, sondern außerplanmäßig abgeschrieben

- geringwertige Wirtschaftsgüter mit Anschaffungskosten von 250 € bis 800 € können sofort abgeschrieben werden

- geringwertigste Wirtschaftsgüter bis 250 € Anschaffungswert können als Betriebsausgabe angesetzt werden.

► Die Umsatzsteuer ist für den Unternehmer ein „durchlaufender Posten" und kein Kostenbestandteil.

2.2.4 Gewinn- und Verlustrechnung

Der § 275 HGB gilt insbesondere für Kapitalgesellschaften, während für alle Kaufleute keine Vorschrift zur Gliederung der Gewinn- und Verlustrechnung (GuV) existiert. Einzelunternehmen und Personengesellschaften können sich am § 275 HGB orientieren.

Einzelunternehmen und Personengesellschaften können die GuV in **Kontenform** darstellen. Für Kapitalgesellschaften ist explizit in § 275 HGB die **Staffelform** vorgesehen. Bei der Gewinn- und Verlustrechnung gibt es zwei Möglichkeiten der Gestaltung:

► Gesamtkostenverfahren (§ 275 Abs. 2 HGB): üblicher Ansatz

► Umsatzkostenverfahren (§ 275 Abs. 3 HGB): bei börsennotierten, angloamerikanischen und international aktiven Unternehmen

Wodurch unterscheiden sich beide Verfahren?

Gesamtkostenverfahren	Umsatzkostenverfahren
Alle (daher „gesamt") Aufwendungen werden den Umsatzerlösen, Bestandsveränderungen und sonstigen Erträgen gegenübergestellt.	Von den Umsatzerlösen werden **nur** die für den Umsatz angefallenen Kosten abgezogen, um die „Umsatzkosten" zu erhalten. Für das Umsatzkostenverfahren wird eine ausgeprägte Kostenrechnung vorausgesetzt.

In einem Unternehmen liegen folgende Daten in T€ vor:

Umsatzerlöse 500, Mehrbestand fertige Erzeugnisse 50, Produktionsaufwendungen 300

Gewinn- und Verlustrechnung			
Gesamtkostenverfahren		Umsatzkostenverfahren	
Umsatzerlöse	500	Umsatzerlöse	500
Mehrbestand an fertigen Erzeugnissen	50	- Herstellkosten des Umsatzes	250
- Produktionsaufwendungen	300		
= Jahresüberschuss	250	= Jahresüberschuss	250

Der Jahresüberschuss ist nach beiden Verfahren gleich. Um die Herstellkosten des Umsatzes zu erhalten, werden **von den Herstellkosten der Erzeugung die Mehrbestände** abgezogen. Die Aufwendungen für die Mehrbestände an fertigen Erzeugnissen stellen keine Umsatzkosten dar. Umsatzkosten sind nur Kosten, die in Verbindung mit verkauften Erzeugnissen stehen.

► Einzelunternehmen und Personengesellschaften können die GuV in Kontenform darstellen, während Kapitalgesellschaften die GuV in Staffelform darlegen.

► Mit der Gewinn- und Verlustrechnung werden die Erträge (z. B. Umsätze) den Aufwendungen gegenübergestellt (Gesamtkostenverfahren).

► Beim Umsatzkostenverfahren werden die für den Umsatz benötigten Kosten abgezogen, um die „Umsatzkosten" zu erhalten.

2.2.5 Jahresabschluss

Die Vorschriften des Jahresabschlusses orientieren sich auch an den Rechtsformen Einzelkaufleute, Personengesellschaften und Kapitalgesellschaften.

Einzelkaufleute und Personengesellschaften	Die Bilanz sowie die Gewinn- und Verlustrechnung bilden den Jahresabschluss (§ 242 HGB).
Kapitalgesellschaften	Ergänzung der Bilanz sowie der Gewinn- und Verlustrechnung um einen **Anhang** und einen **Lagebericht** (§ 264 HGB). Anhang: Erläuterung der Positionen der Bilanz sowie der Gewinn- und Verlustrechnung Lagebericht: § 289 HGB „(1) Im Lagebericht sind der Geschäftsverlauf einschließlich des Geschäftsergebnisses und die Lage der Kapitalgesellschaft so darzustellen, dass ein den tatsächlichen Verhältnissen entsprechendes Bild vermittelt wird. Er hat eine ausgewogene und umfassende, dem Umfang und der Komplexität der Geschäftstätigkeit entsprechende Analyse des Geschäftsverlaufs und der Lage der Gesellschaft zu enthalten. In die Analyse sind die für die Geschäftstätigkeit bedeutsamsten finanziellen Leistungsindikatoren einzubeziehen und unter Bezugnahme auf die im Jahresabschluss ausgewiesenen Beträge und Angaben zu erläutern. Ferner ist im Lagebericht die voraussichtliche Entwicklung mit ihren wesentlichen Chancen und Risiken zu beurteilen und zu erläutern; zugrunde liegende Annahmen sind anzugeben."
kapitalmarktorientierte Gesellschaften (§ 264 d HGB)	ergänzen die Bilanz, die Gewinn- und Verlustrechnung, den Anhang und den Lagebericht um eine **Kapitalflussrechnung** und einen **Eigenkapitalspiegel** (§ 264 Abs. 1 Satz 2 HGB).
Befreiungen	► Kleine Kapitalgesellschaften gemäß § 267 Abs. 1 HGB brauchen keinen Lagebericht aufzustellen. ► Kleinstkapitalgesellschaften gemäß § 267a HGB brauchen keinen Anhang zu erstellen, wenn die Angaben unter der Bilanz dokumentiert werden (§ 264 Abs. 1 Satz 5 HGB).

Die Klassifikation zu einer Kleinstkapitalgesellschaft, kleinen Kapitalgesellschaft, mittelgroßen und großen Kapitalgesellschaft findet sich in den § 267 und § 267a HGB. Nach § 267 Abs. 3 HGB gilt eine kapitalmarktorientierte Gesellschaft stets als große Kapitalgesellschaft. **Als Gruppierungskriterien werden die Bilanzsumme, Umsatzerlöse und Beschäftigte verwendet.**

Die Gewinn- und Verlustrechnung wird nach § 275 HGB aufgestellt. Es wird zwischen zwei Arten unterschieden:

► Gesamtkostenverfahren (§ 275 Abs. 2 HGB)

► Umsatzkostenverfahren (§ 275 Abs. 3 HGB).

► Jahresabschluss bei Einzelkaufleuten und Personengesellschaften: Bilanz sowie Gewinn- und Verlustrechnung

► Jahresabschluss bei Kapitalgesellschaften: Bilanz, Gewinn- und Verlustrechnung, Anhang, Lagebericht

2.2.6 Bilanzierungs- und Bewertungsgrundsätze

2.2.6.1 Grundlegendes

Nachfolgend werden die Grundsätze ordnungsgemäßer Bilanzierung dargelegt.

Bilanzklarheit	Verrechnungs- und Saldierungsverbot von Aktiv- und Passivposten sowie von Aufwendungen und Erträgen
Bilanzkontinuität: §252 Abs.1 Nr.1 und Nr.6 HGB	► *Formelle Bilanzkontinuität (Bilanzidentität):* a) Positionen Schlussbilanz Jahr 00 = Positionen Eröffnungsbilanz Jahr 01 Zwischen den Geschäftsjahren dürfen die Bilanzpositionen nicht verändert werden. b) Einheitliche Orientierung an Gliederung von §266 HGB (Bilanz) und §275 HGB (Gewinn- und Verlustrechnung) ► *Materielle Bilanzkontinuität:* auch §246 Abs.3 HGB, Ansatzmethoden der vorhergehenden Jahresabschlüsse sind beizubehalten.
Weitere Grundsätze in §252 Abs.1 HGB	
Going-Concern	Bei der Bilanzierung von Vermögen und Schulden ist von der Unternehmensfortführung auszugehen. Im Rahmen einer Liquidation (Umwandlung der Vermögensgegenstände in Geld) würden andere Wertansätze aufgrund einer möglichen Zwangslage entstehen. Beim Going-Concern-Prinzip geht man von einer planmäßigen Entwicklung des Vermögens und der Schulden aus.
Einzelbewertung	Grundsätzliche *Einzelbewertung* der Vermögensgegenstände und Schulden; Ausnahmen sind möglich, z. B. Bewertung von Öl-Beständen. Gruppenbewertungen können bei gleichartigen Vermögensgegenständen (bei Öl gegeben) mit Durchschnittswerten nach §240 Abs.4 HGB angesetzt werden.
Periodengerechte Abgrenzung	Die Aufwendungen und Erträge, die in dem jeweiligen Geschäftsjahr entstanden sind, werden auch in dem Geschäftsjahr dokumentiert. *Beispiel:* Die Prämie für die Kfz-Versicherung wird aus Rabattgründen für ein Jahr im Voraus bezahlt (z. B. am 1.12.00). Der Aufwand für die Kfz-Versicherung beträgt im Jahr 00 ein Zwölftel des Versicherungsaufwandes. Für den Transfer ins nächste Geschäftsjahr (restliche 11/12) wird ein Abgrenzungskonto gebildet, das Aktive Rechnungsabgrenzungsposten genannt wird.
Stichtagsprinzip: §252 Abs.1 Nr.4 HGB	„Wertaufhellende Tatsachen" sind gegeben, wenn Informationen noch vor dem Tag der Aufstellung der Bilanz, jedoch nach dem Abschlussstichtag entstehen. Diese „wertaufhellenden Tatsachen" (z. B. Information über die Insolvenz eines Kunden, bei dem Forderungen bestehen) müssen in den Jahresabschluss des vergangenen Jahres integriert werden.

Weitere wichtige Bilanzierungsgrundsätze nach § 252 Abs. 1 Nr. 4 HGB sind

► →**Realisationsprinzip**

► →**Imparitätsprinzip**

► →**Vorsichtsprinzip**.

Realisationsprinzip

„Gewinne sind nur dann zu berücksichtigen, wenn sie am Abschlussstichtag realisiert sind".

Ein Unternehmen kauft Wertpapiere im Januar 00 und im Dezember 00 treten Kursgewinne ein. Gewinne dürfen nach dem Realisationsprinzip erst ausgewiesen werden, wenn ein Wertpapierverkauf mit Gewinn erfolgte.

Imparitätsprinzip

Während Gewinne bei der Aufstellung des Jahresabschlusses erst ausgewiesen werden, wenn ein Gewinn eintritt, müssen **Verluste bereits vor dem Eintritt** dokumentiert werden. „**Imparität" bedeutet „Ungleichheit"**. Die Gewinne werden anders als die Verluste behandelt. Das Imparitätsprinzip wird handelsrechtlich über das

► Niederstwertprinzip und das

► →**Höchstwertprinzip**

ausgeprägt.

„gemildertes" Niederstwertprinzip

Es gibt das „gemilderte Niederstwertprinzip" für das Anlagevermögen, § 253 Abs. 3 Satz 5 HGB.

Eine Maschine in der Produktion unterliegt dem technischen Fortschritt. Liegt eine „**voraussichtlich dauerhafte** Wertminderung" vor, dann kann eine „**außerplanmäßige Abschreibung**" zusätzlich zur planmäßigen Abschreibung angesetzt werden.

Buchwert einer Maschine am 31.12.00: 120.000 €

Die außerplanmäßige Abschreibung aufgrund des technischen Fortschritts soll 30.000 € lt. Expertengutachten betragen.

Buchwert nach Berücksichtigung der außerplanmäßigen Abschreibung am 31.12.00:

120.000 € abzüglich 30.000 € = 90.000 €

WICHTIG

Bei einer nur „vorübergehenden Wertminderung" darf der niedrigere Wert nur bei Finanzanlagen verwendet werden (§ 253 Abs. 3 Satz 6 HGB).

Ein Unternehmen erwirbt im Januar 00 eine Aktie zum Kurs von 100 €, deren Kurs zum 31.12.00 auf 70 € fällt. Es kann der niedrigere Kurs (70 €) in der Bilanz beim Wertansatz im Anlagevermögen berücksichtigt werden.

WICHTIG

Nach § 253 Abs. 5 HGB muss eine Wertaufholung stattfinden, wenn die Gründe für den niedrigeren Wertansatz nicht mehr bestehen. Die Anschaffungskosten dürfen bei der Wertaufholung nicht überschritten werden.

Der Kurs der Aktie steigt auf 80 €. Somit muss der Wertansatz für die Aktie in der Bilanz auf 80 € erhöht werden.

Das „strenge Niederstwertprinzip" gilt für das Umlaufvermögen, § 253 Abs. 4 HGB.

„strenges"
Niederstwertprinzip

Für einen Rohstoff ergeben sich durchschnittliche Anschaffungskosten von 6 € pro Einheit. Der Börsenkurs (Tageswert) beträgt 4 € pro Einheit. Nach dem strengen Niederstwertprinzip müssen die 4 € pro Stück multipliziert mit dem Inventurbestand (z. B. 200 Stück) zum 31.12. angesetzt werden.

Wertansatz Bilanz 31.12.: 4 €/Stück · 200 Stück = 800 €

Beim Fremdkapital werden die höheren Werte angesetzt, falls dies möglich ist:

Höchstwertprinzip

► Bildung von →**Rückstellungen**

► Darlehen.

Rückstellungen können für Verbindlichkeiten gebildet werden, die „dem Grunde, aber nicht nach Höhe und Fälligkeit" feststehen. Dabei dürfen die Werte für die Rückstellung „nach vernünftiger kaufmännischer Beurteilung" gebildet werden. Grundsätzlich besteht ein „Spielraum", um die Rückstellungen mit Begründung höher anzusetzen.

Ein **Darlehen** wird zu 95 % ausgezahlt, weil die Bank ein Abgeld (→**Disagio**) von 5 % einbehält. Bei einem Darlehensbetrag von 100.000 € (100 %) werden 95.000 € an den Kreditnehmer ausbezahlt. Bilanziell werden jedoch 100.000 € (= Erfüllungsbetrag) angesetzt. Somit wird ein höherer Wert angesetzt.

Ein Kaufmann stellt sich nach dem Vorsichtsprinzip schlechter als die Lage des Unternehmens ist. Damit erzeugt er einen „Puffer".

Vorsichtsprinzip

Das Eigenkapital wird wie folgt berechnet. Vermögen, das durch das Niederstwertprinzip reduziert wird, abzüglich dem Fremdkapital, das durch das Höchstwertprinzip gekennzeichnet ist. Somit wird das Eigenkapital reduziert.

Vermögen

abzüglich Fremdkapital (Höchstwertprinzip)

= Eigenkapital

Da für die Steuerberechnung der Betriebsvermögensvergleich durch Vergleich des Eigenkapitals des Berichtsjahres abzüglich des Vorjahres angewandt wird, ergibt sich eine reduzierte Steuerbelastung und somit ein geringerer Liquiditätsabfluss an das Finanzamt. Ursache sind **„buchmäßige"** Bewertungen im Rahmen des Niederst- und Höchstwertprinzips.

2.2.6.2 Anschaffungs- und Herstellungskosten

Die Anschaffungskosten werden durch § 255 Abs. 1 HGB definiert, wobei wesentliche Bausteine sind:

Anschaffungskosten

► „...um einen Vermögensgegenstand zu **erwerben**"

► „...in einen **betriebsbereiten** Zustand zu versetzen".

PRÜFUNGSVORBEREITUNG

Lesen Sie bitte § 255 Abs. 1 HGB.

Grundlegende Elemente der Anschaffungskosten, die **einzeln** dem Vermögensgegenstand zugeordnet werden können, sind:

Anschaffungs*preis*	Kaufpreis, netto, ohne Umsatzsteuer
Anschaffungsnebenkosten	Bezugskosten (z. B. Fracht), Zölle, Notarkosten, Steuern, Maklerprovisionen
Aufwendungen für „betriebsbereiten" Zustand	Verkabelung, Fundament
Nachträgliche Anschaffungskosten	Nachträglicher Einbau von Bauteilen, Erschließungskosten
Anschaffungspreisminderungen	Skonti, Rabatte, Boni
Öffentliche Investitionszuschüsse	Abzug von den Anschaffungskosten oder Buchung als Ertrag: Bank an sonstige betriebliche Erträge

Die handelsrechtlichen Ansätze der Anschaffungskosten werden auch in die →**Steuerbilanz** übertragen.

Ein Unternehmen kauft eine Maschine zum Netto-Anschaffungspreis von 100.000 €. Es fallen Bezugskosten in Höhe von 10 % des Netto-Anschaffungspreises an. Die Maschine muss verkabelt werden (2.000 € netto). Der Lieferant gewährt 3 % Skonto auf den Netto-Anschaffungspreis. Ermitteln Sie die Anschaffungskosten nach § 255 Abs. 1 HGB.

	Anschaffungskosten	100.000 €
+	Anschaffungsnebenkosten	10.000 €
+	Aufwendungen „betriebsbereiter Zustand"	2.000 €
-	3 % Skonto auf 100.000 €	3.000 €
	Anschaffungskosten	**109.000 €**

Herstellungskosten Der Begriff „Herstellungskosten" ist vom Begriff „Herstellkosten" zu trennen. Die „**Herstellkosten**" entstammen der Kostenrechnung, während die „**Herstellungskosten**" bilanziell geprägt sind.

Die Herstellungskosten sind im § 255 Abs. 2, 2a und 3 HGB dokumentiert.

PRÜFUNGSVORBEREITUNG

Bitte lesen Sie § 255 Abs. 2, 2a und 3 HGB.

Handels- und Steuerbilanz (Pflichtansatz)		Beispiele	Wahlrechte nach HGB und EStG (§ 6 Abs. 1 Nr. 1b)		Beispiele
	Materialeinzelkosten	Rohstoffverbrauch		Untergrenze nach Handels- und Steuerrecht	
+	Fertigungseinzelkosten	Fertigungslöhne	+	Kosten allgemeine Verwaltung	Personalkosten Verwaltung, Geschäftsleitung, Rechnungswesen
+	Sondereinzelkosten der Fertigung	Modelle, Spezialwerkzeuge	+	Aufwendungen für soziale Einrichtungen des Betriebs	Kantine, Kindergarten, Sport
+	Materialgemeinkosten	Kosten für Lagerhaltung und Materialprüfung	+	Aufwendungen für freiwillige soziale Leistungen	Weihnachtsgeld, Gewinnbeteiligungen
+	Fertigungsgemeinkosten	Raumkosten, Betriebsleitung	+	Aufwendungen für betriebliche Altersversorgung	Beiträge zu Direktversicherungen, Zuschuss Pensionskasse
Werteverzehr des Anlagevermögens, bedingt durch Fertigung		Abschreibung			
=	**Untergrenze** nach Handels- und Steuerrecht		=	**Höchstgrenze** nach Handels- und Steuerrecht	

§ 255 Abs. 4 HGB: Zinsen für das Fremdkapital werden nicht den Herstellungskosten zugerechnet, außer es besteht ein direkter Bezug zum Vermögensgegenstand.

§ 255 Abs. 2 Satz 4 HGB: Forschungs- und Vertriebskosten dürfen zur Ermittlung der Herstellungskosten nicht integriert werden.

In einem Unternehmen fallen für die Bewertung der Schlussbestände zum 31.12.00 von Fertigerzeugnissen folgende Daten in T € an:

▶ Materialeinzelkosten 200, Materialgemeinkosten-Zuschlagssatz 40 %
▶ Fertigungslöhne 300, Fertigungsgemeinkosten-Zuschlagssatz 80 %, Vertriebskosten 60
▶ Kosten allgemeine Verwaltung 150, Aufwendungen für soziale Einrichtungen des Betriebs 30.

a) Ermitteln Sie die Unter- und Höchstgrenzen der Herstellungskosten.
b) Erläutern Sie die Folgen, wenn die Unter- oder Höchstgrenze der Herstellungskosten für das Unternehmen gewählt wird.

Lösung zu a)

	Materialeinzelkosten	200
+	Materialgemeinkosten 40 %	80
+	Fertigungslöhne	300
+	Fertigungsgemeinkosten 80 %	240
	Untergrenze Herstellungskosten	**820**

	Herstellungskosten	820
+	Kosten allgemeine Verwaltung	150
+	Aufwendungen für soziale Einrichtungen des Betriebs	30
	Obergrenze Herstellungskosten	**1.000**

Lösung zu b)

Wird die Obergrenze der Herstellungskosten gewählt, dann wird ein höherer Gewinn von 180 gegenüber der Untergrenze ausgewiesen.

2.2.6.3 Bewertung des Umlaufvermögens

Grundsätzlich gilt für die Bewertung des Umlaufvermögens der Grundsatz der Einzelbewertung. Bei homogenen (gleichartigen) Gütern ist jedoch eine Gruppenbewertung möglich.

Bei einem Unternehmen erfolgte im März eine Lieferung Öl über 1.000 Liter zu einem Preis von 0,90 €/l. Im August wurden 5.000 Liter zu einem Preis von 0,98 €/l dem Öltank zugeführt. Bei einer Inventur kann man an dem Tropfen Öl nicht erkennen, ob dieser aus der Lieferung von März oder August stammt. Daher werden Gruppenbewertungen eingesetzt.

Nach § 253 Abs. 4 HGB gilt für das Umlaufvermögen das strenge Niederstwertprinzip.

Durchschnittsbewertung Das Verfahren der **Durchschnittsbewertung** gemäß § 240 Abs. 4 HGB ist nach Handels- und Steuerrecht zulässig.

Das obige Beispiel mit den Öllieferungen wird fortgesetzt bzw. ausführlicher dargestellt.

Anfangsbestand/Zugänge Öl	Menge in Liter	Anschaffungskosten in € je Liter	Wert
AB 01.01.00	10.000	1,05	10.500 €
+ Zugang 30.03.00	1.000	0,90	900 €
+ Zugang 20.08.00	5.000	0,98	4.900 €
	16.000		16.300 €

Die durchschnittlichen Anschaffungskosten betragen 1,02 €/l (16.300 €/16.000 l). Das ist die einfachere Berechnungsmethode. In § 240 Abs. 4 HGB steht, dass der „gewogene Durchschnittswert" anzusetzen sei. Der nachfolgende Exkurs zeigt, dass das gleiche Ergebnis resultiert.

EXKURS

Für das gewogene arithmetische Mittel gilt folgende Formel:

Gewogenes arithmetisches Mittel = $a_1x_1 + a_2x_2 + \ldots + a_nx_n$

Gewichte a_n, z. B. 10.000 l/16.000 l = 0,625

$a_1 + a_2 + a_3 + \ldots a_n = 1$

x_n = Beobachtungen, z. B. Anschaffungskosten je Liter

$0,625 \cdot 1,05$ €/l $+ 0,0625 \cdot 0,90$ €/l $+ 0,3125 \cdot 0,98$ €/l $= 1,02$ €/l

Der Öltank zeigte zum Bilanzstichtag am 31.12.00 eine Bestandsmenge von 6.000 l auf. Der Tageswert am 31.12.00 für einen Liter Öl lag bei 0,93 €/l.

Anwendung strenges Niederstwertprinzip: Durch den Vergleich Tageswert und Anschaffungskosten ist der niedrigere Wert anzusetzen. 0,93 €/l ist kleiner als 1,02 €/l.

In der Bilanz wird folgender Wert dokumentiert: 0,93 €/l · 6.000 l = 5.580 €

Es gibt noch *zwei weitere* Bewertungsvereinfachungsverfahren, welche vom Prinzip der Einzelbewertung abweichen.

Methode	Beschreibung
Fifo-Methode (first in – first out)	Die zuerst angeschafften Güter werden zuerst verbraucht bzw. in der Produktion eingesetzt. Für die Inventur sind die letzten Bestände relevant.
Lifo-Methode (last in – first out)	Die zuletzt angeschafften Güter werden zuerst verbraucht. Für die Inventur sind die ersten Bestände maßgeblich.

Die Zulässigkeit in Handels- und Steuerbilanz wird nachfolgend dargelegt.[1]

Handelsbilanz	Verbrauchsfolgeverfahren, Lifo und Fifo (§ 256 HGB)
Steuerbilanz	nur Lifo (§ 6 Abs. 1 Nr. 2a EStG)

FIFO-METHODE

Bauteile X2311	Menge	Anschaffungskosten pro Stück
AB 01.01.00	40	23,00
+ Zugänge 27.05.00	60	26,00
+ Zugänge 30.09.00	50	27,00

Fifo-Methode

Der Inventurbestand zum 31.12.00 beträgt 70 Stück. Zur Inventur werden die letzten Bestände herangezogen, weil die *zuerst* beschafften Bauteile auch *zuerst* verbraucht wurden. Es wird rückwärts bewertet.

Zugang 30.09.00:	50 Stück zu 27 €/Stück =	1.350 €
Zugang 27.05.00:	20 Stück zu 26 €/Stück =	520 €
	70 Stück zu	1.870 €

Der Inventurbestand von 70 Stück hat einen Wert 1.870 € (pro Stück 26,71 €). Der Tagespreis zum 31.12.00 beträgt 25 €. Es ist der niedrigere Wert (strenges Niederstwertprinzip) anzusetzen.

Bilanzansatz: 70 Stück · 25 €/Stück = 1.750 €

LIFO-METHODE

Bauteile X2311	Menge	Anschaffungskosten pro Stück
AB 01.01.00	40	23,00
+ Zugänge 27.05.00	60	26,00
+ Zugänge 30.09.00	50	27,00

Lifo-Methode

Der Inventurbestand beträgt 70 Stück. Die zuletzt angeschafften Bauteile werden zuerst verbraucht. Der Inventurwert wird aus den ersten Positionen berechnet.

Berechnung:

AB 01.01.00:	40 Stück · 23 €/Stück =	920 €
Zugang 27.05.00:	30 Stück · 26 €/Stück =	780 €
	70 Stück	1.700 €

Der Inventurbestand mit 70 Stück hat einen Wert von 1.700 € (pro Stück 24,29 €). Der Tageswert zum Bilanzstichtag am 31.12.00 ist 25 €. Es wird wegen dem strengen Niederstwertprinzip der niedrigere Wert (hier: 1.700 €) in der Bilanz angesetzt.

Bei steigenden Preisen kann die Lifo-Methode eingesetzt werden, weil die ersten Bestände dann mit niedrigeren Preisen bewertet werden. Jedoch bei fallenden Preisen werden die ersten

---

1 Die Durchschnittswertmethode ist nach Handels- und Steuerrecht auch zulässig.

Positionen hinsichtlich dem Wert des Inventurbestandes höher bewertet, sodass ein Widerspruch zum Niederstwertprinzip besteht. Bei fallenden Preisen kann die Lifo-Methode nicht eingesetzt werden.[1]

IM ÜBERBLICK

► Grundsätze ordnungsgemäßer Bilanzierung sind:
Bilanzklarheit, Bilanzkontinuität, Going Concern, Einzelbewertung, periodengerechte Abgrenzung, „Stichtagsprinzip mit wertaufhellenden Tatsachen".

► Realisationsprinzip: „Gewinne sind nur dann zu berücksichtigen, wenn sie am Abschlussstichtag realisiert sind".

► Imparitätsprinzip: Gewinne werden im Jahresabschluss ausgewiesen, wenn sie eingetreten sind, während Verluste bereits vor dem Eintritt dokumentiert werden müssen. Daher liegt eine Ungleichbehandlung (Imparität) von Gewinnen und Verlusten vor.

► Stille Reserven stellen die Differenz zwischen Marktpreis und Buchwert dar.

► Wenn die Gründe für eine außergewöhnliche Abschreibung nicht mehr bestehen, dann muss eine Zuschreibung (= Wertaufholung) erfolgen. Es gilt ein Zuschreibungsgebot nach Handels- und Steuerrecht für alle Rechtsformen.

► Bei der Wertaufholung dürfen die Anschaffungs- und Herstellungskosten nicht überschritten werden.

► Zu den Bewertungsvereinfachungsverfahren zählen die Durchschnittsmethode, Fifo- und Lifo-Methode.

---

1 Vgl. Schmolke, S. / Deitermann, M., 2017, S. 266.

3. Kosten- und Leistungsrechnung

3.1 Einführung in die Kosten- und Leistungsrechnung

3.1.1 Grundlagen der Kosten- und Leistungsrechnung

Für das Verständnis der Kosten- und Leistungsrechnung sind verschiedene Begriffe zu unterscheiden. Es gilt:

Grundlegendes

→Geldvermögen = Zahlungsmittelbestand + Forderungen - Verbindlichkeiten

| Einzahlungen Auszahlungen | Einnahmen | Ausgaben |

Begriff	Erläuterung
Einzahlung	Zunahme der Zahlungsmittel (Bank, Kasse). Das Geldvermögen steigt. *Beispiel:* Kunde bezahlt bar oder per Überweisung auf das Bankkonto
Auszahlung	Abnahme der Zahlungsmittel (Bank, Kasse). Das Geldvermögen sinkt. *Beispiel:* Zahlung einer Lieferantenrechnung, bar oder per Überweisung vom Bankkonto
→Einnahmen	Der Kunde bezahlt in drei Wochen, sodass Forderungen entstehen. Das Geldvermögen steigt. Wenn das Geldvermögen zunimmt, dann liegen Einnahmen vor. *Beispiel:* Verkauf von Waren auf Ziel
→Ausgaben	Der Lieferant wird in drei Wochen bezahlt, sodass Verbindlichkeiten entstehen. Das Geldvermögen sinkt. Somit liegen Ausgaben vor. *Beispiel:* Kauf von Waren auf Ziel

Zentral für die Kosten- und Leistungsrechnung ist die Identifizierung von **Aufwand** und **Kosten** sowie von **Erträgen** und **Leistungen**.

Aufwand, Kosten

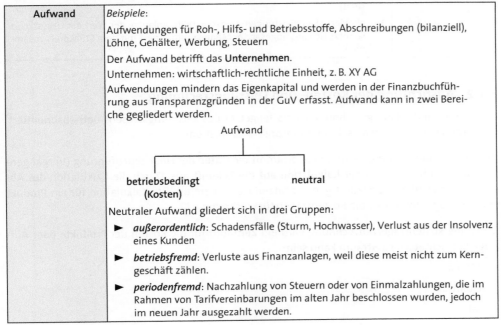

| **Aufwand** | *Beispiele:*
 Aufwendungen für Roh-, Hilfs- und Betriebsstoffe, Abschreibungen (bilanziell), Löhne, Gehälter, Werbung, Steuern
 Der Aufwand betrifft das **Unternehmen**.
 Unternehmen: wirtschaftlich-rechtliche Einheit, z. B. XY AG
 Aufwendungen mindern das Eigenkapital und werden in der Finanzbuchführung aus Transparenzgründen in der GuV erfasst. Aufwand kann in zwei Bereiche gegliedert werden. |

Aufwand

| betriebsbedingt (Kosten) | neutral |

Neutraler Aufwand gliedert sich in drei Gruppen:

► *außerordentlich:* Schadensfälle (Sturm, Hochwasser), Verlust aus der Insolvenz eines Kunden

► *betriebsfremd:* Verluste aus Finanzanlagen, weil diese meist nicht zum Kerngeschäft zählen.

► *periodenfremd:* Nachzahlung von Steuern oder von Einmalzahlungen, die im Rahmen von Tarifvereinbarungen im alten Jahr beschlossen wurden, jedoch im neuen Jahr ausgezahlt werden.

Kosten	Die Kosten stellen **betriebsbedingte Aufwendungen** des **Betriebs** dar. Betrieb: technisch-organisatorische Einheit, z. B. ein Werk der XY AG Betriebsbedingte Aufwendungen dienen dem Sachziel. *Beispiel für ein Sachziel*: Ein Automobilhersteller produziert PKWs. Der **sachzielorientierte** Verbrauch der Produktionsfaktoren, der Waren und/oder Dienstleistungen und Abgaben wird in der Finanzbuchführung (→**Rechnungskreis I**) und in der Kosten- und Leistungsrechnung dokumentiert (**Zweckaufwand**). Der Zweckaufwand und die Kosten sind deckungsgleich. 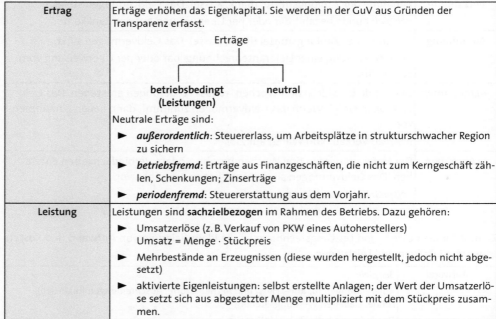 *Beispiel*: Löhne, Verbrauch von Roh-, Hilfs- und Betriebsstoffen **Diese Aufwendungen der Finanzbuchführung sind zugleich Kosten der Kosten- und Leistungsrechnung.**

	Ertrag	Erträge erhöhen das Eigenkapital. Sie werden in der GuV aus Gründen der Transparenz erfasst. Erträge betriebsbedingt neutral **(Leistungen)** Neutrale Erträge sind: ▶ *außerordentlich*: Steuererlass, um Arbeitsplätze in strukturschwacher Region zu sichern ▶ *betriebsfremd*: Erträge aus Finanzgeschäften, die nicht zum Kerngeschäft zählen, Schenkungen; Zinserträge ▶ *periodenfremd*: Steuererstattung aus dem Vorjahr.
Ertrag, Leistung	Leistung	Leistungen sind **sachzielbezogen** im Rahmen des Betriebs. Dazu gehören: ▶ Umsatzerlöse (z. B. Verkauf von PKW eines Autoherstellers) Umsatz = Menge · Stückpreis ▶ Mehrbestände an Erzeugnissen (diese wurden hergestellt, jedoch nicht abgesetzt) ▶ aktivierte Eigenleistungen: selbst erstellte Anlagen; der Wert der Umsatzerlöse setzt sich aus abgesetzter Menge multipliziert mit dem Stückpreis zusammen.

3.1.2 Ausrichtung der Kosten- und Leistungsrechnung

Die Kosten- und Leistungsrechnung ist als Teilgebiet des Rechnungswesens **betriebsorientiert**. Ein Betrieb stellt eine technisch-organisatorische Einheit dar.

Kostenträgerstückrechnung

Die Kosten- und Leistungsrechnung übernimmt die Daten der Finanzbuchführung (Vergangenheit) und richtet sich mit der **Kalkulation auf die Zukunft** aus. Durch die Kalkulation des Absatzpreises werden die zukünftigen Umsatzerlöse vorbereitet. Die Kalkulation für ein Produkt oder Auftrag erfolgt über die Kostenträger**stück**rechnung.

Kostenträgerzeitrechnung

Durch die Kostenträger**zeit**rechnung wird ein **Zeitraum** für die Kosten der Produkte oder Aufträge betrachtet. Der Zeitraum kann sein:

▶ Monat

▶ Quartal

▶ Jahr.

Der Betrachtungszeitraum hängt von der Betriebsgröße, der Branche und der Situation des Betriebs (z. B. mangelnde Wettbewerbsfähigkeit) ab.

3.1.3 Bereiche der Kosten- und Leistungsrechnung

Die Kosten- und Leistungsrechnung unterteilt sich in

► →**Vollkostenrechnung**

► Teilkostenrechnung

► Plankostenrechnung.

Die Vollkostenrechnung erfasst alle Kosten (fix, variabel).

Vollkostenrechnung

Die Kosten werden durch die Kostenartenrechnung erfasst. Einzelkosten (Fertigungsmaterial, Fertigungslöhne) werden dem Kostenträger (z. B. Produkt, Serie, Sorte) direkt zugeordnet, während →**Gemeinkosten** zuerst in der Kostenstellenrechnung (Betriebsabrechnungsbogen) erfasst werden. Anschließend werden Einzel- und Gemeinkosten im Rahmen der Kalkulation (= Ermittlung des Angebotspreises) verwendet.

Abb. 3.1 Vollkostenrechnung

Vollkostenrechnung

Kostenartenrechnung: Welche Kosten fallen an?	**Kostenstellenrechnung:** Wo fallen die (Gemein-)Kosten an?	**Kostenträgerrechnung:** Für welche Kostenträger (Produkt 1, 2 oder Serie) fallen die Kosten an?
► Personalkosten (Löhne, Gehälter) ► Verbrauch von Roh-, Hilfs- und Betriebsstoffen ► Versicherungen ► Steuern	► Materialbereich ► Fertigung ► Verwaltung ► Vertrieb Aus der Kostenstellenrechnung werden die Gemeinkosten-Zuschlagssätze für die Zuschlagskalkulation gebildet.	► Ermittlung des Angebotspreises durch eine Stückkalkulation ► Kosten einer Periode (Monat, Quartal, Jahr) durch die Kostenträgerzeitrechnung

Die Prozesskostenrechnung ist nicht im DIHK-Rahmenlehrplan enthalten.

HINWEIS

In der **Teilkostenrechnung** werden fixe und variable Kosten aufgeteilt, um den →**Deckungsbeitrag** zu ermitteln. Dieser zeigt, ob kurzfristig die variablen Kosten durch den Preis gedeckt sind. Die Teilkostenrechnung ist somit eine Rechnung, um eine Entscheidung zu treffen, ob ein Auftrag angenommen oder abgelehnt werden soll.

Teilkostenrechnung

Durch die Trennung der Kosten in →**fixe** und variable **Kosten** kann die Gewinnschwellenmenge (Break-Even-Menge) ermittelt werden.

In der **Plankostenrechnung** können Soll-Ist-Vergleiche realisiert werden.

Plankostenrechnung

Es können Aussagen getroffen werden, ob die Kosten in der Kostenstelle beeinflussbar sind (Verbrauchsabweichung) oder von der Absatzlage (Beschäftigungsabweichung) abhängen.

3.1.4 Aufgaben und Ziele der Kosten- und Leistungsrechnung

Die Kosten- und Leistungsrechnung hat folgende Aufgaben und Ziele:

Erfassung der Kosten und Leistungen und Durchführung der Abgrenzungsrechnung	Eine Aufgabe der Kosten- und Leistungsrechnung besteht darin, die Kosten und Leistungen aus der Gewinn- und Verlustrechnung (§ 275 HGB) der Finanzbuchführung (Rechnungskreis I) mit einer Abgrenzungsrechnung zu ermitteln. Ziel: Erfassung aller Kosten und Leistungen
Bestimmung der Kostenarten	Nach Identifikation der Kosten können Kostenarten gebildet werden: ► **Einzelkosten** *Ziel*: Grundlage für z. B. Zuschlagskalkulation ► **Gemeinkosten** *Ziel*: Erstellung eines Betriebsabrechnungsbogens ► **fixe und variable Kosten** *Ziel*: Durchführung einer Deckungsbeitragsrechnung für kurzfristige Entscheidungen, z. B. Auftragsannahme oder →**Make or Buy**
Wirtschaftlichkeit ermitteln	Die →**Wirtschaftlichkeit** (= Leistung/Kosten) kann für den Betrieb berechnet werden. Wirtschaftlichkeit liegt vor, wenn ein Wert größer als 1 vorliegt, weil die Leistungen größer als die Kosten sind.
Soll-Ist-Vergleiche	Die geplanten Kosten für die Zukunft (z. B. nächstes Geschäftsjahr) können mit den Ist-Kosten im nächsten Jahr verglichen und Abweichungen bestimmt sowie interpretiert werden. Daraus können z. B. Maßnahmen zur Kostensenkung abgeleitet werden.
Berechnung des Angebotspreises	Durch die Kostenträgerrechnung kann der Angebotspreis bestimmt werden. Ziel: Nicht nur die Dokumentation aller Kosten sowie auch die Nachfrage am Markt müssen berücksichtigt werden, da bei einem zu hohen Preis die Nachfrage zurückgehen kann.
Ermittlung der Herstellungskosten für fertige und unfertige Erzeugnisse	Die Bestände an fertigen und unfertigen Erzeugnissen müssen am Ende eines Geschäftsjahres aus handels- und steuerrechtlichen Gründen mit den Herstellungskosten bewertet werden. Hierfür wird die Zuschlagskalkulation (Kostenträgerrechnung) benötigt.
Verrechnungspreise	Die Anschaffungskosten für z. B. Öl, Gas usw. unterliegen den Schwankungen auf den Weltmärkten. Damit die Angebotspreise nicht täglich variiert werden, „glätten" die Verrechnungspreise diese Schwankungen.
Ermittlung des Betriebsergebnisses	Das Ergebnis der „eigentlichen" betrieblichen Tätigkeit wird durch das Betriebsergebnis festgestellt. Ein positives Ergebnis liegt vor, wenn die Leistungen größer als die Kosten sind.
Grundlage für Investitionsplanung	Die Kosten- und Leistungsrechnung stellt die Daten für Investitionsrechnungen bereit. Damit kann ermittelt werden, ob eine Investition wirtschaftlich ist.

IM ÜBERBLICK

► Ein- und Auszahlungen sind mit einer Veränderung des Zahlungsmittelbestandes verbunden.

► Einnahmen erhöhen das Geldvermögen, während Ausgaben es senken.

► Aufwendungen unterteilen sich in Kosten (Zweckaufwand) und neutrale Aufwendungen (außerordentlich, betriebsfremd, periodenfremd).

► Erträge bestehen aus Leistungen, die betriebsbedingt sowie sachzielorientiert sind, und aus neutralen Erträgen (außerordentlich, betriebsfremd, periodenfremd).

► Die Kosten- und Leistungsrechnung ist betriebsorientiert.

► Die Kalkulation ist auf die Zukunft ausgerichtet.

► Für die Kostenträgerzeitrechnung wird ein Zeitraum, z. B. Monat, Quartal, Jahr, betrachtet.

► Bereiche der Kosten- und Leistungsrechnung sind: Vollkostenrechnung, Teilkostenrechnung, Plankostenrechnung.

► Vollkostenrechnung beinhaltet: Kostenartenrechnung, Kostenstellenrechnung, Kostenträgerrechnung.

► Aufgaben der Kosten- und Leistungsrechnung sind: Erfassung der Kosten und Leistungen, Bestimmung der Kostenarten, Berechnung der Wirtschaftlichkeit, Soll-Ist-Vergleiche durchführen, Berechnung des Angebotspreises, Ermittlung der Herstellungskosten für fertige und unfertige Erzeugnisse, Ermittlung des Betriebsergebnisses.

3.2 Abgrenzungsrechnung von der Finanzbuchhaltung zur Kosten- und Leistungsrechnung

3.2.1 Unternehmensbezogene Abgrenzungen

Die Abgrenzung der Kosten und Leistungen (betriebsbezogen) von den Aufwendungen und Erträgen (unternehmensbezogen) erfolgt im Rahmen der Betriebsergebnisrechnung über nachfolgende **Ergebnistabelle**.[1] Dabei wird der Rechnungskreis I (Finanzbuchführung mit GuV) vom Rechnungskreis II (Abgrenzungs- und Betriebsergebnisrechnung) unterschieden.

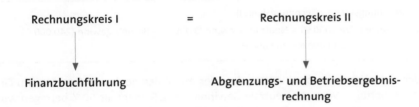

Rechnungskreis I	=	Rechnungskreis II
Finanzbuchführung		Abgrenzungs- und Betriebsergebnisrechnung

Entscheidend ist, dass die neutralen Aufwendungen und neutralen Erträge abgegrenzt werden. **Die Spalten Kosten und Leistung bieten dann die Grundlage für die weiteren Verfahren der Kosten- und Leistungsrechnung.**

Die Holzspielzeug GmbH spezialisierte sich auf die Produktion von kleinen Spielzeugautos und Eisenbahnen aus Holz für Kinder. Für einen bestimmten Zeitraum wird nachfolgende **Ergebnistabelle** dargestellt.

---

1 In Anlehnung an Schmolke, S. / Deitermann, M., 2023, S. 431 ff.

Ergebnistabelle

	Rechnungskreis I Finanzbuchführung		Rechnungskreis II Kosten- und Leistungsrechnung			
	Ergebnisrechnung (GuV)		Abgrenzungsrechnung		Betriebsergebnisrechnung	
	Aufwand	Ertrag	Neutraler Aufwand	Neutraler Ertrag	Kosten	Leistungen
Umsatzerlöse		600.000 €				600.000 €
Gehälter	200.000 €				200.000 €	
Aufwendungen für RHB	90.000 €				90.000 €	
Miete Produktionshalle und Verwaltungsräume	60.000 €				60.000 €	
Fremdinstandhaltung	10.000 €				10.000 €	
Verluste aus Wertpapierverkäufen	2.000 €		2.000 €			
Steuerrückerstattung		5.000 €		5.000 €		
	362.000 €	605.000 €	2.000 €	5.000	360.000 €	600.000 €
	Gewinn 243.000 €		Neutraler Gewinn 3.000 €		Betriebsgewinn 240.000 €	

Es gilt: Rechnungskreis I = Rechnungskreis II

Gewinn (243.000 €) = Neutraler Gewinn (3.000 €) + Betriebsgewinn (240.000 €)

243.000 €= 243.000 €

Aus der Ergebnistabelle ist ableitbar, dass der Anteil des neutralen Gewinns am Gewinn der GuV 1,2 % beträgt. Wenn der neutrale Gewinnanteil z. B. mehr als 50 % betragen würde, dann könnte dies ein Hinweis sein, dass die Wertschöpfung nicht mehr überwiegend in der „eigentlichen" betrieblichen Leistungserstellung liegt.

3.2.2 Berücksichtigung der kalkulatorischen Kosten

In >> Kapitel 3.2.1 Unternehmensbezogene Abgrenzungen wurden die „unternehmensbezogenen" Abgrenzungen dargestellt. Die kalkulatorischen Kosten können ebenso in die Ergebnistabelle integriert werden.

Aufwandsgleiche Kosten entsprechen dem Zweckaufwand (Finanzbuchführung). Das bedeutet, dass Kosten und Aufwendungen gleich sind. Als Beispiel können die Fertigungslöhne verwendet werden, da sie in der GuV auf der Sollseite unter Aufwand positioniert werden, jedoch auch einen direkten Bezug zur „eigentlichen" betrieblichen Leistungserstellung haben. Der Zweckaufwand der Finanzbuchführung wird in der Kosten- und Leistungsrechnung als „Grundkosten" bezeichnet. Zu den Grundkosten gibt es noch Anders- und Zusatzkosten.

Kosten		
Grundkosten	Kalkulatorische Kosten	
	Anderskosten	Zusatzkosten

Die kalkulatorischen Kosten werden in →*Anderskosten* und *Zusatzkosten* eingeteilt.

Anderskosten *Anderskosten* liegen vor, wenn in der KLR (Ergebnistabelle, Spalte Betriebsergebnis) **andere** Kosten dokumentiert werden als in der Finanzbuchführung.

Bilanzielle Abschreibung in der Finanzbuchführung 20.000 €

→**Kalkulatorische Abschreibung** in der Kosten- und Leistungsrechnung, Spalte „Verrechnete Kosten"

Die Höhe der Anderskosten beträgt 30.000 €.

Ergebnistabelle[1]								
Rechnungskreis I Finanzbuchführung			Rechnungskreis II Kosten- und Leistungsrechnung					
Ergebnisrechnung (GuV)			Abgrenzungsrechnung		kostenrechnerische Korrektur		Betriebsergebnis-rechnung	
	Aufwand	Ertrag	neutraler Aufwand	neutraler Ertrag	betrieblicher Aufwand	verrechnete Kosten	Kosten	Leistung
Abschreibung	20.000 €				20.000 €	30.000 €	30.000 €	

Eintrag der 20.000 € aus der Finanzbuchführung in die Spalte „Betrieblicher Aufwand"

Anderskosten

Zusatzkosten werden nicht in der Finanzbuchhaltung dokumentiert. Nur in der KLR wird eine Dokumentation vorgenommen.

Zusatzkosten

Kalkulatorischer Unternehmerlohn 30.000 €, Eintrag in die Spalte „Verrechnete Kosten" und die Spalte „Kosten"

Ergebnistabelle								
Rechnungskreis I Finanzbuchführung			Rechnungskreis II Kosten- und Leistungsrechnung					
Ergebnisrechnung (GuV)			Abgrenzungsrechnung		kostenrechnerische Korrektur		Betriebsergebnis-rechnung	
	Aufwand	Ertrag	neutraler Aufwand	neutraler Ertrag	betrieblicher Aufwand	verrechnete Kosten	Kosten	Leistung
U-Lohn	0 €				0 €	90.000 €	90.000 €	

kalkulatorischer Unternehmerlohn

---

1 In Anlehnung an Schmolke, S. / Deitermann M., 2023, S. 441.

Arten von kalkulatorischen
Kosten

Kalkulatorische Kosten werden wie folgt unterschieden:

Art der kalkulatori-schen Kosten	Erläuterung
Kalkulatorische Abschreibung	Die kalkulatorische Abschreibung geht vom Wiederbeschaffungswert und der tatsächlichen Nutzungsdauer aus, während bei der bilanziellen Abschreibung die Anschaffungskosten sowie die steuerliche Abschreibung angesetzt werden. $$\text{Kalkulatorische Abschreibung} = \frac{\text{Wiederbeschaffungskosten}}{\text{tatsächliche Nutzungsdauer}}$$ Die kalkulatorischen Kosten und auch die kalk. Abschreibung werden in den Betriebsabrechnungsbogen (BAB) übernommen. Die kalk. Abschreibung wird in die Gemeinkosten-Zuschlagssätze eingerechnet und findet sich im Angebotspreis wieder. Wenn der Kunde den Preis bezahlt, dann fließt die Abschreibung in das Unternehmen wieder zurück (Abschreibungskreislauf). Die kalk. Abschreibung wird zur Finanzierung von **Ersatzinvestitionen** (Reinvestitionen) verwendet. Kalkulatorische Abschreibung ↓ Betriebsabrechnungsbogen ↓ Gemeinkostenzuschlagssatz ↓ Verkaufspreis (inklusive kalk. Abschreibung) ↓ Kunde zahlt den Verkaufspreis und die kalkulatorische Abschreibung fließt über die Umsatzerlöse an das Unternehmen zurück.
Kalkulatorische Zinsen	a) *Kalkulatorische Zinsen für das eingesetzte Eigenkapital:* Die Zinsen für das eingesetzte Eigenkapital werden in der Finanzbuchführung **nicht** dokumentiert. Kalkulatorisch werden die Zinsen für das eingesetzte Eigenkapital in der Kosten- und Leistungsrechnung angesetzt (**Zusatzkosten**). Die kalkulatorischen Zinsen werden wie folgt berechnet: *Kalkulatorische Zinsen = betriebsnotwendiges Kapital · kalkulatorischer Zinssatz* *Kalkulatorischer Zinssatz*: Die Opportunitätskosten werden verwendet. **Beispiel**: Ein Unternehmer hat ein betriebsnotwendiges Kapital von einer Million Euro. Er hätte das **eigenfinanzierte** Kapital am Geldmarkt, z. B. Festgeld, anlegen können. Da er aber das Geldkapital als Eigenkapital im Unternehmen nutzt, verzichtet er auf die entgangenen Zinsen des Festgeldes. Opportunitätskosten sind die Kosten des Verzichts auf die zweitbeste Möglichkeit (hier: Verzicht auf Festgeld). b) *Kalkulatorische Zinsen bei Fremdkapital:* In der Finanzbuchführung wird der Zinsaufwand für die Kredite dokumentiert. Wenn der Kostenrechner prognostiziert, dass sich die Zinssätze für die Kredite ändern und die Bank bereit ist, die Verträge zu verändern und/oder neue Kredite andere Zinssätze in Zukunft aufweisen, dann kann der Kostenrechner einen „anderen Zinssatz" und somit andere Zinsaufwendungen (**Anderskosten**) in der Kosten- und Leistungsrechnung ansetzen.

Art der kalkulatorischen Kosten	Erläuterung
Kalkulatorischer Unternehmerlohn	Bei Kapitalgesellschaften werden die Gehälter der GmbH-Geschäftsführer und der Vorstände auf der Sollseite der GuV gebucht. Somit können diese Gehälter als Kosten in die Ergebnistabelle übernommen werden. Bei **Einzelunternehmen und Personengesellschaften** erfolgt **keine Buchung** eines Gehalts des Einzelunternehmers oder Personengesellschafters in der Gewinn- und Verlustrechnung. Daher können auch keine Gehaltskosten in die Betriebsergebnisrechnung übertragen werden. Um die Arbeitsleistung des Einzelunternehmers oder Personengesellschafters kalkulatorisch anzusetzen, wird ein durchschnittliches Gehalt für entsprechende Führungstätigkeiten verwendet, das einem Betriebsvergleich entnommen werden kann.
Kalkulatorisches Wagnis	Das kalkulatorische Wagnis beinhaltet z. B. folgende **Einzelwagnisse**: ▶ *Anlagewagnis*: Wertminderung durch technischen Fortschritt, Brand, Hochwasser usw. ▶ *Beständewagnis*: Verluste durch Diebstahl, Schwund, Verderb ▶ *Entwicklungswagnis*: Ein Wettbewerber kommt der eigenen Entwicklung mit einem noch höheren Stand der Technik zuvor, sodass die Entwicklungsleistungen nicht verwertet werden können und somit Verluste entstehen. **Beispiel**: Diebstahl Ein Unternehmen dokumentierte die letzten 3 Jahre in einem Außenlager den Diebstahl von Rohstoffen in Höhe von durchschnittlich 30.000 €. Die durchschnittlichen Anschaffungskosten für Rohstoffe betrugen in diesem Zeitraum 900.000 €. Kalkulatorischer Wagniszuschlag für Rohstoffe $$= \frac{\text{Diebstahl}}{\text{Anschaffungskosten Rohstoffe}} \cdot 100$$ $$= \frac{30.000\,€}{900.000\,€} \cdot 100 = 3,33\,\%$$ Wenn im Rechnungskreis I (Finanzbuchhaltung) für den Monat Februar ein Rohstoffverbrauch von 50.000 € dokumentiert ist, sollte der kalkulatorische Wagniszuschlag von 3,33 % hinzugefügt werden. $50.000\,€ \cdot 1,0333 = 51.666,67\,€$ Es werden im Rechnungskreis II Anderskosten von 51.666,67 € angesetzt. Das bedeutet, dass der Kunde den Diebstahl durch die Begleichung des Verkaufspreises bezahlt. ▶ Das **allgemeine unternehmerische Wagnis** wird **durch den Gewinn abgegolten** und nicht durch das kalkulatorische Wagnis. ▶ Wenn eine **Versicherung** des Schadenfalls möglich ist, dann wird kein kalkulatorisches Wagnis angesetzt.
Kalkulatorische Miete	▶ Wenn ein Unternehmer seine eigenen *privaten* Räumlichkeiten für Geschäftszwecke zur Verfügung stellt, dann zahlt er an Dritte keine Miete. Aus kalkulatorischen Gründen sollte der Unternehmer eine kalk. Miete, die einer örtlichen Vergleichsmiete entspricht, ansetzen. ▶ Wenn der Unternehmer die betriebseigenen Räume nutzt, sollte auch eine kalk. Miete angesetzt werden. Es muss jedoch nur die Differenz zwischen örtlicher Vergleichsmiete und den bereits vorgenommenen Gebäudeabschreibungen und den kalk. Zinsen angesetzt werden. Der Ansatz der kalk. Miete ist umstritten, denn sie erhöht die Kosten. Aus kalkulatorischer Sicht sinnvoll, jedoch ob ein erhöhter Preis am Absatzmarkt realistisch ist, hängt von der Wettbewerbssituation ab.

Art der kalkulatorischen Kosten	Erläuterung
Kalkulatorische Verrechnungspreise	Die Anschaffungskosten von Roh-, Hilfs- und Betriebsstoffe unterliegen stärkeren Schwankungen. Wenn diese Schwankungen in der Ergebnistabelle in die Spalte Kosten übertragen werden, müssten die Preise für die Kunden häufiger geändert werden.
	Um eine gewisse Konstanz der Angebotspreise zu erhalten, werden die arithmetischen Mittelwerte der Anschaffungskosten für definierte Zeiträume gebildet.
	Beispiel:
	Anschaffungskosten für den Betriebsstoff „Diesel" betragen 35.000 € im letzten Monat (Dokumentation in GuV)
	Die durchschnittlichen Anschaffungskosten für den Diesel über 6 Monate belaufen sich auf 50.000 € pro Monat.
	In der Ergebnistabelle der Betriebsergebnisrechnung werden die höheren Verrechnungspreise von 50.000 € dokumentiert.

Einteilung in Anders- und Zusatzkosten

Welche kalkulatorischen Kosten sind Anders- und Zusatzkosten?

Anderskosten	► kalk. Abschreibung
	► kalk. Zinsen bei Fremdkapital
	► kalk. Verrechnungspreise
Zusatzkosten	► kalk. Unternehmerlohn
	► kalk. Miete (bei betriebl. Nutzung, wenn privat unentgeltlich zur Verfügung gestellt)
Anders- oder Zusatzkosten	► *kalk. Wagnis*: Wenn **Erfahrungen**, z. B. Diebstahl, in der Finanzbuchführung dokumentiert wurden, und für die nächste Periode mehr Diebstahl *erwartet* wird, dann liegen **Anderskosten** vor.
	Wenn **keine Dokumentation** in der Finanzbuchführung vorliegt und werden z. B. Diebstähle *erwartet*, dann liegen **Zusatzkosten** vor.
	► *kalk. Zinsen*: Wenn eine Fremdfinanzierung vorliegt und Fremdkapitalzinsen anfallen, dann werden kalkulatorisch Anderskosten für den Fall angesetzt, dass zukünftig höhere oder niedrigere Fremdkapitalzinsen berechnet werden.
	Wenn jedoch **keine Fremdfinanzierung** und keine Fremdkapitalzinsen gegeben sind, dann wird keine Dokumentation in der Finanzbuchführung durchgeführt. Somit sind die kalk. Zinsen **Zusatzkosten**.

WICHTIG

Wirkung der kalkulatorischen Kosten auf die Betriebsergebnisrechnung

Durch die Berücksichtigung der kalkulatorischen Kosten wird in der Ergebnistabelle eine zusätzliche Spalte „Kostenrechnerische Korrekturen" eingeführt. In die Spalte „Betrieblicher Aufwand" werden die Aufwendungen der GuV übertragen und in die Spalte „Verrechnete Kosten" die kalkulatorischen Kosten.

Bei einem Einzelunternehmen liegen folgende Daten vor, die in der Spalte „Position" beschrieben werden. In der zweiten Spalte wird die Position in der untenstehenden Ergebnistabelle aufgezeigt.

Position	Eintrag in Spalte(n) Ergebnistabelle
Umsätze 1.200.000 €	Eintrag in Spalten „Ertrag" und „Leistung"
Bilanzielle Abschreibung 10.000 €	Eintrag in Spalten „Aufwand" und „Betriebl. Aufwand"
Wiederbeschaffungswert einer Maschine: 300.000 €, tatsächliche Nutzungsdauer 20 Jahre Kalkulatorische Abschreibung $= \dfrac{\text{Wiederbeschaffungskosten}}{\text{tatsächliche Nutzungsdauer}}$ $= \dfrac{300.000\,€}{20\,\text{Jahre}} = 15.000\,€\ \text{p.a.}$ **Anderskosten**	Eintrag in Spalten „Verrechnete Kosten" und „Kosten"
Eigenfinanziertes betriebsnotwendiges Kapital 6 Mio. €; Kalkulatorischer Zinssatz = 3 % p.a. Kalkulatorische Zinsen = 6 Mio. € · 0,03 = 180.000 € **Zusatzkosten**	Eintrag in Spalten „Verrechnete Kosten" und „Kosten"
Kalkulatorischer Unternehmerlohn: 100.000 € **Zusatzkosten**	Eintrag in Spalten „Verrechnete Kosten" und „Kosten"
Kalkulatorisches Entwicklungswagnis (nicht versicherbar): 60.000 € **Zusatzkosten**	Eintrag in Spalten „Verrechnete Kosten" und „Kosten"
Kalkulatorische Miete: 40.000 €	Eintrag in Spalten „Verrechnete Kosten" und „Kosten"
Verbrauch Betriebsstoffe zu Anschaffungskosten 50.000 € Verrechnungspreis Betriebsstoffe 80.000 € **Anderskosten**	Spalten „Aufwand" und „betriebl. Aufwand" Spalten „Verrechnete Kosten" und „Kosten"
Verbrauch an Roh- und Hilfsstoffen 200.000 €	Spalten „Aufwand" und „Kosten"
Löhne und Gehälter 350.000 €	Spalten „Aufwand" und „Kosten"

Ergebnistabelle

	Rechnungskreis I Finanzbuchführung		Rechnungskreis II Kosten- und Leistungsrechnung					
	Ergebnisrechnung (GuV)		Abgrenzungsrechnung		Kostenrechn. Korrektur		Betriebsergebnisrechnung	
	Aufwand	Ertrag	Neutraler Aufwand	Neutraler Ertrag	Betrieblicher Aufwand	Verrechnete Kosten	Kosten	Leistung
Umsatz		1.200.000 €						1.200.000 €
Verbrauch Roh- und Hilfsstoffe	200.000 €						200.000 €	
Verbrauch Betriebsstoffe	50.000 €				50.000 €	80.000 €	80.000 €	
Löhne, Gehälter	350.000 €						350.000 €	
Bilanzielle Abschreibung	10.000 €				10.000 € (bil. Abschr.)	15.000 € (kalk. Abschr.)	15.000 €	
Kalk. Zinsen	0					180.000 €	180.000 €	
Kalk. U-Lohn	0					100.000 €	100.000 €	
Kalk. Wagnis	0					60.000 €	60.000 €	
Kalk. Miete	0					40.000 €	40.000 €	
Erfolg	590.000 € Gewinn				415.000 € Ergebnis kostenrechn. Korrektur		175.000 € Betriebsgewinn	

Gewinn 590.000 € = Neutraler Gewinn (415.000 €) + Betriebsgewinn (175.000 €)

590.000 € (Rechnungskreis I) = 590.000 € (Rechnungskreis II)

IM ÜBERBLICK

▶ Die Finanzbuchführung stellt den Rechnungskreis I dar. Dem Rechnungskreis II sind die Abgrenzungsrechnung sowie die Betriebsergebnisrechnung zugeordnet.

▶ Die Ergebnistabelle enthält die Rechnungskreise I und II.

▶ Im Rahmen der Ergebnistabelle wird eine Abgrenzungsrechnung durchgeführt, welche die neutralen Aufwendungen und Erträge von den Aufwendungen und Erträgen der GuV abgrenzt.

▶ Die Spalten Kosten und Leistungen stellen die Grundlage für die Kosten- und Leistungsrechnung dar.

▶ Der Zweckaufwand der Finanzbuchführung entspricht den Grundkosten der Kosten- und Leistungsrechnung (Beispiel: Fertigungslöhne).

▶ Neben den Grundkosten gibt es noch Anders- und Zusatzkosten.

▶ Anderskosten sind: Kalkulatorische Abschreibung, kalkulatorische Zinsen für das eingesetzte Fremdkapital, kalkulatorisches Wagnis bei bereits dokumentiertem Aufwand in der Finanzbuchführung, kalkulatorische Verrechnungspreise.

▶ Zusatzkosten sind: Kalkulatorische Zinsen für das eingesetzte Eigenkapital, kalkulatorischer Unternehmerlohn, kalkulatorisches Wagnis ohne dokumentierten Aufwand in der Finanzbuchführung, kalkulatorische Miete.

3.3 Kostenartenrechnung

3.3.1 Erfassung der Kosten

Der Zweckaufwand wird aus der Finanzbuchführung in die Kosten- und Leistungsrechnung übernommen. Zum Zweckaufwand zählen z. B.:

▶ Verbrauch von Roh, Hilfs- und Betriebsstoffen

▶ Löhne

▶ Gehälter

▶ betriebliche Steuern

▶ Werbung.

Erfassung des Zweckaufwands

Der Zweckaufwand der Finanzbuchführung wird in der Kosten- und Leistungsrechnung Grundkosten genannt.

Zweckaufwand = Grundkosten	Erläuterung der Erfassung
Verbrauch von Roh-, Hilfs- und Betriebsstoffen	Inventurmethode: **Verbrauch = Anfangsbestand + Zugänge - Endbestand** Als Beleg für den Verbrauch werden die Materialentnahmescheine verwendet.
Löhne, Gehälter	Lohn- und Gehaltslisten bzw. -konten
betriebliche Steuern	Steuerbescheide
Werbung	Rechnungen

Die **kalkulatorischen Kosten** werden mit

▶ Anderskosten und

▶ Zusatzkosten

angesetzt. Die kalkulatorischen Kosten werden den **Gemeinkosten** im Betriebsabrechnungsbogen zugeordnet.

Erfassung der kalkulatorischen Kosten

Kalkulatorische Abschreibung	Bestimmung des Wiederbeschaffungswertes durch Hochrechnungen und Schätzungen Tatsächliche Nutzungsdauer: Erfahrungswerte
Kalkulatorische Zinsen	Teilweise näherungsweise Bestimmung des →**Kalkulationszinssatzes** aufgrund der Art der Finanzierung (Eigen- oder Fremdfinanzierung)
Kalkulatorisches Wagnis	Zeitreihen, Erfahrungswerte, Schätzungen
Kalkulatorischer Unternehmerlohn	Schätzungen, Betriebs- und Branchenvergleiche
Kalkulatorische Miete	Vergleich mit ortsüblicher Miete
Kalkulatorischer Verrechnungspreis	Ermittlung eines Durchschnittswertes für eine bestimmte Periode

3.3.2 Aufgaben und Gliederung der Kostenartenrechnung

Aufgaben   Die Aufgaben der Kostenartenrechnung sind:

► Erfassung aller angefallenen Kosten

► Gruppierung der Kosten (z. B. fix und variabel, Einzel- und Gemeinkosten)

► Ausgangsbasis der Daten für Kostenstellen und Kostenträgerrechnung schaffen.

Gliederung   Kostenarten werden wie folgt untergliedert:

Einteilung	Beispiel	Erläuterung
Art der verbrauchten Produktionsfaktoren	Personalkosten, Materialkosten, Abschreibungen	Anteil der jeweiligen Kostenart ermitteln, um Steuerungsmaßnahmen einzuleiten, z. B. Personalkosten senken (Outsourcing), Materialkosten reduzieren (neuer günstiger Lieferant)
Abhängigkeit von der →Beschäftigung[1]	*Fixe Kosten*: Gehälter, Miete, Abschreibung *Variable Kosten*: Löhne, Rohstoffverbrauch *Mischkosten*: Stromkosten (fixer Anteil, variabler Anteil)	Voraussetzung, um im Rahmen der Teilkostenrechnung (Deckungsbeitragsrechnung) Berechnungen vollziehen zu können.
Zurechenbarkeit Kostenträger	*Einzelkosten*: Fertigungsmaterial, Fertigungslöhne *Gemeinkosten*: Gehälter, Abschreibungen, Miete, betriebliche Steuern, kalkulatorische Kosten	*Einzelkosten*: Können dem Kostenträger[2] direkt zugerechnet werden. *Gemeinkosten*: Können dem Kostenträger *nicht direkt* zugerechnet werden.
	Primärkosten	Summe der Gemeinkosten, die den Endkostenstellen (Hauptkostenstellen) im Betriebsabrechnungsbogen zugeordnet sind.
	Sekundärkosten	Summe der Gemeinkosten der Vorkostenstellen, die anderen Vorkostenstellen und/oder den Endkostenstellen anteilig zugerechnet werden.
	Sondereinzelkosten der Fertigung: Modellkosten, Spezialwerkzeuge *Sondereinzelkosten des Vertriebs*: Spezialverpackung, Vertriebsprovision	Sondereinzelkosten werden separat in der Zuschlagskalkulation angeführt.
Nach Zeitbezug	Ist-Kosten	Tatsächlich angefallene Kosten der Gegenwart
	→**Normalkosten**	Durchschnittliche Ist-Kosten vergangener Perioden
	Plankosten	Zukünftig erwartete Kosten
Nach dem Umfang	Vollkosten	Gesamte Kosten einer Periode
	Teilkosten	Teilkosten sind z. B. die variablen Kosten (als Teil von den Gesamtkosten)

1 Beschäftigung bedeutet die Zahl der produzierten Stück oder die bearbeiteten Aufträge.

2 Einzelfertigung, Serienfertigung, Sortenfertigung, Massenfertigung, Produkt

3.3.3 Kosten und Beschäftigung

Nachfolgend werden die fixen und variablen Kosten dargestellt.

Fixe Kosten sind **unabhängig von der Beschäftigung**. Sie fallen auch an, wenn keine Produktion stattfindet. Die fixen Kosten sind jedoch von der **Zeit abhängig**. Wenn keine Aufträge mehr vorhanden sind, wird der Unternehmer Arbeitsplätze abbauen und somit sinken die Personalkosten.

Gliederung der Kostenarten

fixe Kosten

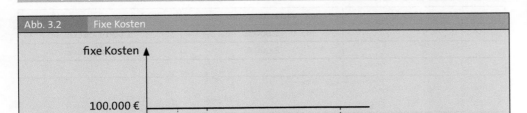

Abb. 3.2 Fixe Kosten

Wenn die Produktion zunimmt, dann verteilen sich die fixen so, dass die fixen Kosten pro Stück einen degressiven (fallenden) Verlauf aufweisen.

fixe Kosten pro Stück

Degressive fixe Kosten pro Stück

Die Entwicklungskosten für einen PKW sind höher als für 10.000 Stück. Die fixen Kosten verteilen sich auf die höhere Stückzahl.

Menge in Stück	Fixe Kosten	Fixe Kosten pro Stück
1	100.000 €	100.000 €
2	100.000 €	50.000 €
...	100.000 €	
10.000	100.000 €	10 €

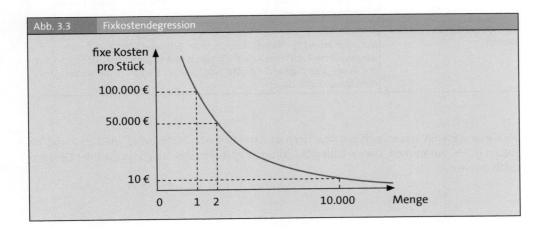

Abb. 3.3 Fixkostendegression

variable Kosten

Variable Kosten sind von der **Beschäftigung abhängig**. Dazu gehören beispielsweise: Löhne, Verbrauch von Roh-, Hilfs- und Betriebsstoffen, Verpackungsmaterial.

Proportionale variable Kosten

Fahrradrahmen

Wenn für die Produktion eines Fahrrades ein Fahrradrahmen (variable Stückkosten 1.000 €) eingesetzt wird, dann betragen die variablen Kosten 1.000 €. Wenn zwei Fahrräder produziert werden, steigen die variablen Kosten auf 2.000 €.

Menge (Stück)	variable Kosten	variable Kosten pro Stück
1	1.000 €	1.000 €/Stück
2	2.000 €	1.000 €/Stück
...		

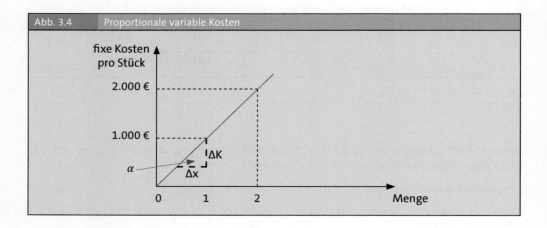

Abb. 3.4 — Proportionale variable Kosten

nicht-lineare variable Kosten

Es gibt auch nicht-lineare Verläufe der variablen Kosten.

überproportionale variable Kosten	Diese können durch Überstunden oder durch eine Produktion in der Nähe der Kapazitätsgrenze verursacht werden. Die zusätzlichen Kosten steigen bei einer zusätzlichen Mengeneinheit überproportional an.
unterproportionale variable Kosten	Mengenrabatte Mit jeder erreichten Rabattklasse, z. B. bei 500 oder 1000 Stück, reduziert der gewährte Rabatt die Anschaffungskosten, so dass die zusätzlichen Kosten in der „günstigeren" Rabattklasse geringer sind als in der vorherigen niedrigeren Rabattklasse.

lineare Gesamtkostenkurve

Die Gesamtkosten setzen sich aus den fixen Kosten (K_f; gestrichelte Linie) *und* den variablen Kosten ($k_v \cdot x$) zusammen. Die variablen Stückkosten k_v stellen das Steigungsmaß der Gesamtkostenkurve dar.

Die Kostenfunktion lautet: $K(x) = K_f + k_v \cdot x$

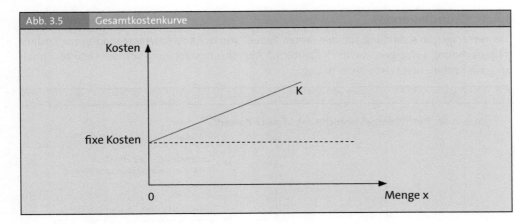

Abb. 3.5   Gesamtkostenkurve

IM ÜBERBLICK

- ▶ Kostenarten können nach verbrauchten Produktionsfaktoren gegliedert werden: Personalkosten, Materialkosten, Abschreibungen

- ▶ Aufteilung der Kosten in fixe und variable Kosten

- ▶ Fixe Kosten sind **unabhängig von der Beschäftigung** (**Produktionsmenge**), während variable Kosten abhängig sind von der produzierten Menge.

- ▶ Die fixen Kosten sind abhängig von der Zeit.

- ▶ Gliederung der Kosten in Einzel- und Gemeinkosten. Einzelkosten (Fertigungsmaterial, Fertigungslöhne) sind dem Kostenträger (Produkt, Serie, Sorte, …) direkt zurechenbar, während die Gemeinkosten (Gehälter, kalkulatorische Kosten,.) dem Kostenträger nicht direkt zurechenbar sind.

- ▶ Ist-Kosten: Tatsächlich angefallene Kosten der Gegenwart

- ▶ Normalkosten: Durchschnittliche Ist-Kosten vergangener Perioden

- ▶ Plankosten: Zukünftig erwartete Kosten

- ▶ Vollkosten: alle Kosten einer Periode

- ▶ Teilkosten: variable Kosten (Teil der Gesamtkosten)

- ▶ Kostendegression: Die fixen Kosten pro Stück nehmen mit zunehmender Menge (degressiv = fallend) ab.

- ▶ Die variablen Kosten können in proportionale, über- und unterproportionale Kosten aufgeteilt werden.

- ▶ Die Gesamtkostenfunktion lautet: $K(x) = K_f + k_v \cdot x$

3.4 Kostenstellenrechnung

3.4.1 Grundlegendes

Die nachfolgende Abbildung soll den „roten Faden" von der Kostenartenrechnung zur Kostenträgerrechnung aufzeigen. (siehe >> Kapitel 3.2 Abgrenzungsrechnung von der Finanzbuchhaltung zur Kosten- und Leistungsrechnung)

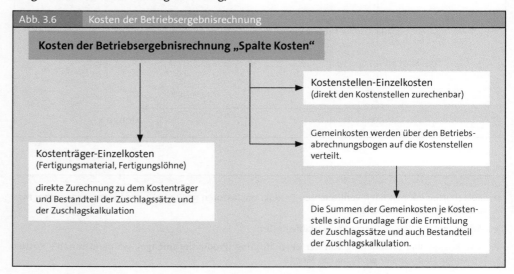

Abb. 3.6   Kosten der Betriebsergebnisrechnung

Kosten der Betriebsergebnisrechnung „Spalte Kosten"

Kostenstellen-Einzelkosten
(direkt den Kostenstellen zurechenbar)

Gemeinkosten werden über den Betriebsabrechnungsbogen auf die Kostenstellen verteilt.

Kostenträger-Einzelkosten
(Fertigungsmaterial, Fertigungslöhne)

direkte Zurechnung zu dem Kostenträger und Bestandteil der Zuschlagssätze und der Zuschlagskalkulation

Die Summen der Gemeinkosten je Kostenstelle sind Grundlage für die Ermittlung der Zuschlagssätze und auch Bestandteil der Zuschlagskalkulation.

Kostenstellen sind Orte, an denen Produktionsfaktoren und Güter verbraucht werden.

Aufgaben der Kostenstellenrechnung

Aufgaben der Kostenstellenrechnung sind:

▶ **Übernahme** der Gemeinkosten aus der Spalte „Kosten" der Ergebnistabelle

▶ **Verursachungsgerechte** Zuordnung der Gemeinkosten auf die Kostenstellen

▶ **Kostenkontrolle** in den Kostenstellen: Vergleich Ist-Kosten mit den Soll-Kosten.

Arten der Bildung von Kostenstellen

Kostenstellen können gebildet werden durch:

▶ funktionale Gliederung nach Material-, Fertigungs-, Verwaltungs- und Vertriebsbereich

▶ die Kostenstellen können räumlich, z. B. für ein Filialnetz oder Zweigwerke, angeordnet werden

▶ organisatorische Abgrenzung, z. B. Orientierung am Organigramm

▶ rechnungsorientierte Kostenstellen, z. B. Maschine I, II, III.

Begriffe zur Kostenstellenrechnung

Welche Begriffe sind für die Durchführung einer Kostenstellenrechnung maßgeblich?

Begriff	Erläuterung
allgemeine Kostenstellen	Diese werden auf andere allgemeine Kostenstellen und/oder auf die Hauptkostenstellen verrechnet. *Beispiele:* Werkschutz, Energieversorgung, Fuhrpark, Kantine, Betriebsfeuerwehr
Einzelkosten	direkte Zuordnung zu Kostenträger (Produkt, Serie, Sorte, Einzel- und Massenfertigung) *Beispiel:* Fertigungsmaterial (Rohstoffverbrauch), Fertigungslöhne, Sondereinzelkosten der Fertigung und des Vertriebs

Begriff	Erläuterung
Fertigungsgemeinkosten	Gemeinkosten, die zur Produktion der Güter anfallen *Beispiele:* Gehälter für Führungskräfte der Produktion, Hilfslöhne, Energieverbrauch, Versicherungen, Abschreibungen für Maschinen
Gemeinkosten	**keine** direkte Zuordnung zu Kostenträger; die **Gemeinkosten** werden im Betriebsabrechnungsbogen (BAB) gesammelt *Beispiel:* Büromaterial, Gehälter, Hilfslöhne, Hilfs- und Betriebsstoffe, betriebliche Steuern, kalkulatorische Kosten
Hauptkostenstellen (Endkostenstelle)	Die Gemeinkosten der **primären** Kostenstellen werden **nicht** auf andere Kostenstellen umgelegt. *Beispiel*: Materialgemeinkosten werden in die Zuschlagskalkulation direkt übernommen.
Hilfskostenstelle (Vorkostenstelle)	Die Gemeinkosten der sekundären Kostenstellen werden auf Endkostenstellen verrechnet. *Beispiel*: Die Kosten der Produktionsplanung werden auf die Endkostenstelle Fertigung verrechnet.
Kostenstelleneinzel- und -gemeinkosten	Die Gemeinkosten können den Kostenstellen nach Belegen (z. B. Gehaltsliste) direkt zugeordnet werden (*Kostenstelleneinzelkosten*). Die *Kostenstellengemeinkosten* können über einen **Verteilungsschlüssel** auf die einzelnen Kostenstellen verteilt werden. Ein Verteilungsschlüssel kann z. B. nach Quadratmetern aufgebaut sein (Reinigung von 1.000 qm, davon 200 qm für Materialbereich, 400 qm für Fertigungsbereich, …).
Materialgemeinkosten	Gemeinkosten, die durch die Annahme, Eingangsprüfung, Einlagerung z. B. der Roh-, Hilfs- und Betriebsstoffe, entstehen
Vertriebsgemeinkosten	Gemeinkosten des Ausgangslagers, der Kommissionierabteilung
Verwaltungsgemeinkosten	Gehälter des Managements und der Beschäftigten der Verwaltung, Abschreibungen

3.4.2 Kostenzurechnung auf die Kostenstellen im Betriebsabrechnungsbogen

Die Kostenstellen werden in einem **Betriebsabrechnungsbogen (BAB)** dokumentiert.

Betriebsabrechnungsbogen					
Gemeinkostenarten	Zahlen Betriebsergebnisrechnung	Kostenstellen			
		Material	**Fertigung**	**Verwaltung**	**Vertrieb**

Kosten**stellen**einzelkosten können den Kostenstellen **direkt** zugeordnet werden.

► Gehälter anhand von Gehaltslisten
► kalkulatorische Abschreibung durch Anlagenspiegel
► Rechnungen

Gemeinkosten können über Schlüssel verteilt werden, wenn keine direkte Zurechnung zu den Kostenstellen möglich ist.

Gemeinkostenschlüssel

Reinigungskosten

Die Kostenstellen weisen aufgrund der Flächenpläne Quadratmeterzahlen auf. Die Reinigungskosten werden proportional auf die Kostenstellen verteilt.

Annahme: Reinigungskosten 1.000 €; 1.000 qm Fläche, wovon auf die Kostenstellen Material 200 qm, Fertigung 600 qm, Verwaltung 100 qm und Vertrieb 100 qm entfallen.

Die Reinigungskosten pro Quadratmeter betragen 1 €.

Reinigungskosten für die Kostenstelle Material 200 €, Fertigung 600 €, Verwaltung 100 € und Vertrieb 100 €.

Die Metallwerke GmbH produziert Metallbauteile für verschiedene Abnehmer. Dem Kalkulator des Unternehmens liegen folgende Daten für eine bestimmte Periode vor:

▶ Die Gehälter in Höhe von 120.000 € verteilen sich im Verhältnis 3:2:1:2

$$\text{Berechnung:} \quad \frac{120.000\,€}{(3 + 2 + 1 + 2)} = \frac{120.000\,€}{8} = 15.000\,€ \text{ pro Teil}$$

Kostenstelle Material: 3 Teile · 15.000 €/Teil = 45.000 €

Kostenstelle Fertigung 2 Teile · 15.000 €/Teil = 30.000 €

Kostenstelle Verwaltung 1 Teil · 15.000 €/Teil = 15.000 €

Kostenstellen Vertrieb 2 Teile · 15.000 €/Teil = 30.000 €

▶ Die Bürokosten (8.000 €) werden nach dem Verhältnis 1:1:4:2 verteilt.

$$\frac{8.000\,€}{8\text{ Teile}} = 1.000\,€ \text{ pro Teil}$$

Kostenstelle Material 1 Teil · 1.000 €/Teil = 1.000 €

Kostenstelle Fertigung 1 Teil · 1.000 €/Teil = 1.000 €

Kostenstelle Verwaltung 4 Teile · 1.000 €/Teil = 4.000 €

Kostenstelle Vertrieb 2 Teile · 1.000 €/Teil = 2.000 €

▶ Die Miete für die Hallen und Räume beträgt 25.000 €. Die Quadratmeterverteilung:

Materialbereich 200 qm, Fertigungsbereich 500 qm, Verwaltungsbereich 200 qm, Vertriebsbereich 100 qm

$$\frac{25.000\,€}{1.000\text{ qm}} = 25\,€ \text{ pro qm}$$

Kostenstelle Material 200 qm · 25 €/qm = 5.000 €

Kostenstelle Fertigung 500 qm · 25€/qm = 12.500 €

Kostenstelle Verwaltung 200 qm · 25 €/qm = 5.000 €

Kostenstelle Vertrieb 100 qm · 25 €/qm = 2.500 €

▶ Die kalkulatorische Abschreibung beträgt 20 % vom Wiederbeschaffungswert für technische Anlagen in Höhe von 1 Mio. € für die Bereiche Material und Fertigung im Verhältnis 1:3. Die kalk. Abschreibung für die Betriebs- und Geschäftsausstattung (10 % vom Wiederbeschaffungswert 600.000 €) für alle Kostenstellen wird im Verhältnis 1:1:2:2 verteilt.

Kalkulatorische Abschreibung:

Technische Anlagen: 20 % von 1 Mio. € = 200.000 € (Materialbereich: 50.000 €, Fertigungsbereich 150.000 €)

Betriebs- und Geschäftsausstattung: 10 % von 600.000 € = 60.000 € dividiert durch 6 Teile ergibt pro Teil 10.000 €.

Betriebsabrechnungsbogen					
Gemeinkos-tenarten	Zahlen der Be-triebsergebnisrech-nung	Kostenstellen			
		Material	Fertigung	Verwaltung	Vertrieb
Gehälter	120.000 €	45.000 €	30.000 €	15.000 €	30.000 €
Bürokosten	8.000 €	1.000 €	1.000 €	4.000 €	2.000 €
Miete	25.000 €	5.000 €	12.500 €	5.000 €	2.500 €
Kalk. Abschrei-bung	200.000 € 60.000 €	50.000 € 10.000 €	150.000 € 10.000 €	— 20.000 €	— 20.000 €
Summe	413.000 €	111.000 €	203.500 €	44.000 €	54.500 €

3.4.3 Betriebsabrechnungsbogen mit allgemeinen Kostenstellen

Es werden zu den Haupt- oder Endkostenstellen Material, Fertigung, Verwaltung und Vertrieb weitere *allgemeine Kostenstellen* hinzugefügt:

allgemeine Kostenstellen

- ▶ Kantine
- ▶ Energieversorgung
- ▶ Werkschutz
- ▶ Fuhrpark
- ▶ Betriebsfeuerwehr
- ▶ Reparaturabteilung.

Die allgemeinen Kostenstellen können auch als Vorkostenstellen bezeichnet werden. Nachste-hend wurden die Energieversorgung, der Fuhrpark und die Kantine ausgewählt.

Vorkostenstellen

Betriebsabrechnungsbogen							
Gemein-kostenarten	Zahlen Betriebsergebnis-rechnung	Energie-versorgung	Fuhrpark	Kantine	Endkostenstellen		
					Material	Fertigung	VW/VT

VW/VT = Verwaltung und Vertrieb

Die Energieversorgung, der Fuhrpark und die Kantine leisten an die anderen allgemeinen Kos-tenstellen sowie auch an die Endkostenstellen Material, Fertigung, Verwaltung und Vertrieb.

Nachfolgend werden drei Verfahren zur innerbetrieblichen Leistungsverrechnung betrachtet:

- ▶ Anbauverfahren
- ▶ Stufenleiterverfahren
- ▶ Verrechnungssatzverfahren.

Beim Anbauverfahren erfolgt eine Verteilung der Gemeinkosten *direkt* auf die Hauptkosten-stellen. Die Leistungsbeziehungen *zwischen* den anderen allgemeinen Kostenstellen werden **nicht** berücksichtigt.

Anbauverfahren

Das Prinzip des Anbauverfahrens wird wie folgt erklärt. Die Gemeinkosten der allgemeinen Kostenstellen werden **direkt auf die Endkostenstellen** verrechnet. Es besteht **keine Leistungs-beziehung zwischen den einzelnen allgemeinen Kostenstellen.**

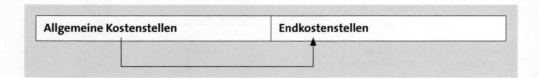

Allgemeine Kostenstellen	Endkostenstellen

Verteilung der Gemeinkosten in T€ der allgemeinen Kostenstellen auf die Endkostenstellen:

von	nach
Energieversorgung (50)	Material (10), Fertigung (30), VW/VT (10)
Fuhrpark (30)	Material (5), Fertigung (20), VW/VT (5)
Kantine (20)	Material (8), Fertigung (7), VW/VT (5)

Erläuterung mit den Leistungen der Energieversorgung:

Die Energieversorgung erbringt Leistungen in Höhe von 10.000 € an die Kostenstelle Material, 30.000 € an die Kostenstelle Fertigung und 10.000 € an die Kostenstelle Verwaltung und Vertrieb. Die insgesamt erbrachten Leistungen von 50.000 € werden bei der Kostenstelle „Energieversorgung" nach Verteilung auf die Endkostenstellen abgezogen (-50), so dass Null resultiert.

Die Summen der jeweiligen Endkostenstellen Material, Fertigung, Verwaltung und Vertrieb werden „primäre Gemeinkosten" genannt. Die Summe der jeweiligen allgemeinen Kostenstellen werden „sekundäre Gemeinkosten" genannt, die auf die Endkostenstellen „umgelegt" werden.

Gemeinkosten (GK) (in T €)	Zahlen der KLR (in T €)	Energieversorgung	Fuhrpark	Kantine	Material	Fertigung	Verwaltung/ Vertrieb
...							
Summe Primäre Gemeinkosten	1.000	50	30	20	100	500	300
Umlagen Energie Fuhrp. Kantine		- 50	- 30	- 20	10 5 8	30 20 7	10 5 5
Summe total	1.000	0	0	0	123	557	320

Die allgemeine Kostenstelle (z. B. Werkssicherheit, Fuhrpark, Energieversorgung, Kantine usw.), welche die höchsten Kosten aufweist, wird im BAB *möglichst weit links* positioniert, damit möglichst viele Kosten auf die **rechtsstehenden** Kostenstellen verteilt werden können. Die durch die Umlagen verteilten Gemeinkosten auf die Hauptkostenstellen werden *sekundäre* Gemeinkosten genannt.

Stufenleiterverfahren

Es werden beim Stufenleiterverfahren nur die Leistungen der Kostenstellen von links nach rechts erfasst. *Die **linksstehende** Kostenstelle leistet an die **rechtsstehende** Kostenstelle.* Beim Stufenleiterverfahren werden Leistungen auch zwischen den allgemeinen Kostenstellen (z. B. Wache liefert Leistungen an die Kantine) berücksichtigt. Die umgekehrte Leistungsbeziehung wird vernachlässigt.

Das Prinzip des Stufenleiterverfahrens wird wie folgt erklärt. Die Gemeinkosten der allgemeinen Kostenstellen werden von der am weitesten **linksstehenden** allgemeinen Kostenstelle nach rechts umgelegt.

Die Energieversorgung legt die Gemeinkosten auf den Fuhrpark um. Die Gemeinkosten des Fuhrparks erhöhen sich. Diese erhöhten Gemeinkosten werden an die Kantine und die Endkostenstellen umgelegt.

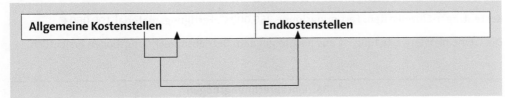

Es wird angenommen, dass der Fuhrpark von der Energieversorgung Leistungen in Höhe von 10 Einheiten erhält. Die restlichen Gemeinkosten der Energieversorgung werden der allgemeine Kostenstelle Kantine sowie den End- oder Hauptkostenstellen Material, Fertigung sowie Verwaltung/Vertrieb zu gleichen Teilen zugeteilt.

Der Fuhrpark leistet an die allgemeine Kostenstelle Kantine sowie an die End- oder Hauptkostenstellen Material, Fertigung sowie Verwaltung/Vertrieb zu gleichen Teilen.

Die Gemeinkosten (in T€) der Kantine werden der Endkostenstelle Material (15), der Fertigung (15) sowie Verwaltung/Vertrieb (10) zugeordnet.

Gemein kosten (GK) (in Tsd. €)	Zahlen der KLR (in Tsd. €)	Energie-versorgung	Fuhrpark	Kantine	Material	Fertigung	Verwaltung/ Vertrieb
...							
Summe Primäre GK	1.000	50	30	20	100	500	300
Umlagen Energie Verteilung		-50	10	10	10	10	10
Fuhrp. Verteilung			-40	10	10	10	10
Kantine Verteilung				-40	15	15	10
Summe total	1.000	0	0	0	135	535	330

Die allgemeine Kostenstelle Energieversorgung leistet an den Fuhrpark sowie an andere Endkostenstellen. Der Fuhrpark kauft Leistungen der Energieversorgung in Höhe von 10 Einheiten ein. Es entsteht ein „stufenförmiges" Gebilde, das durch die Pfeile gekennzeichnet ist (daher Stufenleiterverfahren). Schritt für Schritt werden die Gemeinkosten der **linksstehenden** Kostenstellen auf die rechts positionierten Kostenstellen umgelegt.

Im **Verrechnungssatzverfahren** werden wechselseitige Beziehungen zwischen den Kostenstellen deutlich.

Verrechnungssatzverfahren

Beim Anbau- und Stufenleiterverfahren werden die Gemeinkosten von links nach rechts im Betriebsabrechnungsbogen verteilt. Es kann jedoch auch sein, dass Leistungen der Endkostenstellen an die allgemeinen Kostenstellen oder von der **rechtsstehenden** allgemeinen Kostenstelle, z. B. Kantine, an die **linksstehende** Kostenstelle Fuhrpark erfolgt.

Für derartige wechselseitige Beziehung wird ein mathematisches Gleichungssystem aufgebaut, das hier nicht behandelt werden kann.

3.4.4 Ermittlung der Zuschlagssätze

Die Ermittlung der Zuschlagssätze aus dem Betriebsabrechnungsbogen für die Zuschlagskalkulation wird an nachfolgendem Beispiel gezeigt.

Kostenträger-Einzelkosten: Fertigungslöhne 250.000 €, Fertigungsmaterial 100.000 €

Die Gemeinkostenverteilung ist aus nachfolgendem Betriebsabrechnungsbogen ersichtlich.

Betriebsabrechnungsbogen					
Gemeinkostenarten	Zahlen der Betriebsergebnisrechnung	Kostenstellen			
		Material	Fertigung	Verwaltung	Vertrieb
Gehälter	120.000 €	45.000 €	30.000 €	15.000 €	30.000 €
Bürokosten	8.000 €	1.000 €	1.000 €	4.000 €	2.000 €
Miete	25.000 €	5.000 €	12.500 €	5.000 €	2.500 €
Kalk. Abschreibung	200.000 €	50.000 €	150.000 €	—	—
	60.000 €	10.000 €	10.000 €	20.000 €	20.000 €
Summe	413.000 €	111.000 €	203.500 €	44.000 €	54.500 €

Die **primären** Gemeinkosten wurden auf die Kostenstellen umgelegt. Somit sind die tatsächlichen Kosten (**Ist-Kosten**) in den jeweiligen Kostenstellen ersichtlich. Wie werden die Zuschlagssätze für die Kalkulation berechnet?

Gemeinkostenzuschlagssätze

$$\text{Materialgemeinkostenzuschlagssatz} = \frac{\text{Materialgemeinkosten}}{\text{Fertigungsmaterial}} \cdot 100 = \frac{111.000 \,€}{100.000 \,€} \cdot 100 = 111\,\%$$

$$\text{Fertigungsgemeinkostenzuschlagssatz} = \frac{\text{Fertigungsgemeinkosten}}{\text{Fertigungslöhne}} \cdot 100 = \frac{203.500 \,€}{250.000 \,€} \cdot 100 = 81,4\,\%$$

Die Zuschlagsgrundlage für die Materialgemeinkosten- sowie Fertigungsgemeinkostenzuschlagssätze stellen das Fertigungsmaterial und die Fertigungslöhne dar.

	Fertigungsmaterial	100.000 €
+	Materialgemeinkosten (111 %)	111.000 €
	Materialkosten	211.000 €
	Fertigungslöhne	250.000 €
+	Fertigungsgemeinkosten (81,4 %)	203.500 €
	Fertigungskosten	453.500 €
	Herstellkosten der Erzeugung	**664.500 €**

Materialkosten und Fertigungskosten ergeben die **Herstellkosten der Erzeugung** in Höhe von 664.500 €.

Mehrbestände

Die **Mehrbestände** werden von den Herstellkosten der Erzeugung **abgezogen**, um die Herstellkosten des Umsatzes zu ermitteln. *Warum?*

Der Umsatz zeigt die Absatzaktivität eines Betriebes auf, während die Mehrbestände die erstellten Leistungen dokumentieren, die nicht abgesetzt werden konnten. Bei der Berechnung der **Herstellkosten des Umsatzes** werden nur die Produkte aufgenommen, die zu Absatzleistungen führten. Daher werden die Mehrbestände abgezogen.

Die **Minderbestände** werden zu den Herstellkosten der Erzeugung **hinzugerechnet**, um die **Herstellkosten des Umsatzes** zu ermitteln. Bei Minderbeständen werden in einer Periode mehr Produkte verkauft als hergestellt wurden. *Wie ist dieser Sachverhalt möglich?*

Minderbestände

Die zusätzlichen Bestände, welche in der laufenden Periode mehr verkauft als hergestellt wurden, stammen aus der vorhergehenden Periode.

Die Mehr- und Minderbestände der unfertigen und fertigen Erzeugnisse werden zusammengefasst. Entscheidend ist, ob der Mehr- oder Minderbestand überwiegt.

Für die Fortführung des obigen Beispiels werden Mehrbestände von 50.000 € *unterstellt*.

Herstellkosten der Erzeugung	664.500 €
- Mehrbestände	- 50.000 €
+ Minderbestände	
Herstellkosten des Umsatzes	614.500 €

Nachfolgend werden die Verwaltungs- und Vertriebsgemeinkosten-Zuschlagssätze ermittelt:

Verwaltungs- und Vertriebsgemeinkostenzuschlagssatz

$$\text{Verwaltungsgemeinkosten-Zuschlagssatz} = \frac{\text{Verwaltungsgemeinkosten}}{\text{Herstellkosten des Umsatzes}} \cdot 100$$

$$= \frac{44.000\,€}{614.500\,€} \cdot 100 = 7{,}2\,\%$$

$$\text{Vertriebsgemeinkosten-Zuschlagssatz} = \frac{\text{Vertriebsgemeinkosten}}{\text{Herstellkosten des Umsatzes}} \cdot 100$$

$$= \frac{54.500\,€}{614.500\,€} \cdot 100 = 8{,}9\,\%$$

Die Zuschlagskalkulation wird fortgesetzt.

Selbstkosten

Herstellkosten des Umsatzes	614.500 €
+ Verwaltungsgemeinkosten (7,2 %)	44.000 €
+ Vertriebsgemeinkosten (8,9 %)	54.500 €
Selbstkosten	713.000 €

Die Selbstkosten betragen 713.000 €.

3.4.5 Über- und Unterdeckungen im Betriebsabrechnungsbogen

Für die Zuschlagssätze können für definierte Perioden (z. B. Quartal) Durchschnittswerte definiert werden. Somit ergeben sich „**Normal**-Zuschlagssätze". Das Wort „Normal" stellt einen Hinweis dar, dass Durchschnittswerte gebildet wurden.

Es sind folgende Einzelkosten bekannt:

Materialeinzelkosten: 500.000 €
Fertigungslöhne: 600.000 €

Die Ist-Gemeinkosten resultieren aus dem Betriebsabrechnungsbogen.

	Material	Fertigung	Verwaltung- und Vertrieb
Ist-Gemeinkosten	300.000 €	900.000 €	400.000 €

1. Schritt: Berechnung der Ist-Gemeinkosten-Zuschlagssätze

Material	Fertigung	Verwaltung- und Vertrieb
		Herstellkosten der Erzeugung
$\dfrac{300.000\,€}{500.000\,€} \cdot 100 = 60\,\%$	$\dfrac{900.000\,€}{600.000\,€} \cdot 100 = 150\,\%$	$\dfrac{400.000\,€}{2.300.000\,€} \cdot 100 = 17,39\,\%$

2. Schritt: Die Normal-Gemeinkosten-Zuschlagssätze wurden für eine bestimmte Periode ermittelt (Annahme). Die Ist-Gemeinkosten-Zuschlagssätze werden in nachfolgender Tabelle den Normal-Gemeinkosten-Zuschlagssätze gegenübergestellt.

	Ist-Gemeinkosten-Zuschlagssatz	Normal-Gemeinkosten-Zuschlagssatz
Materialgemeinkosten-Zuschlagssatz	60 %	80 %
Fertigungs-Gemeinkosten-Zuschlagssatz	150 %	160 %
Verwaltungs- und Vertriebs-Gemeinkosten-Zuschlagssatz	17,39 %	20 %

3. Schritt: Ermittlung der Normal-Gemeinkosten, indem die Normal-Gemeinkosten-Zuschlagssätze mit den Einzelkosten multipliziert werden.

Normal-Materialgemeinkosten:

Materialeinzelkosten · Normal-Gemeinkosten-Zuschlagssatz

500.000 € · 80 % = 400.000 €

Normal-Fertigungsgemeinkosten:

Fertigungslöhne · Normal-Gemeinkosten-Zuschlagssatz

600.000 € · 160 % = 960.000 €

Herstellkosten der Erzeugung auf Normalkosten-Basis:

2.460.000

Herstellkosten der Erzeugung multipliziert mit dem Normal-Verwaltungs- und Vertriebs-Gemeinkostensatz:

2.460.000 € · 20 % = 492.000 €

4. Schritt: Gegenüberstellung der Ist- und der Normal-Gemeinkosten

	Material	Fertigung	Verwaltung, Vertrieb
Ist-Gemeinkosten	300.000 €	900.000 €	400.000 €
Normal-Gemeinkosten	400.000 €	960.000 €	492.000 €
Differenz Ist- und Normal-Gemeinkosten	+ 100.000 €	+ 60.000 €	+ 92.000 €

Wenn die **Normal-Gemeinkosten größer sind als die Ist-Gemeinkosten**, dann liegt eine **Überdeckung** vor. Da die Normal-Kostenrechnung für die Erstellung von Angeboten aufgrund von Erfahrungswerten eingesetzt wird, erfolgt bei Akzeptanz des Angebotes auf Normalkosten-Basis eine höhere Rückerstattung des Kunden bei Bezahlung des Kaufpreises als tatsächliche Kosten (Ist) angefallen sind. **Bei einer Überdeckung verbessert sich das Betriebsergebnis.**

Eine **Unterdeckung** liegt vor, wenn die Normal-Gemeinkosten der Kostenstellen kleiner sind als die Ist-Gemeinkosten der Kostenstellen. **Da höhere Ist-Kosten anfallen, verschlechtert sich das Betriebsergebnis.**

▶ Kostenstellen sind Orte des Verbrauchs von Produktionsfaktoren und Gütern.

▶ Allgemeine Kostenstellen sind z. B. Werkschutz, Kantine, Fuhrpark usw.

▶ Haupt- oder Endkostenstellen sind: Materialwirtschaft, Fertigung, Verwaltung, Vertrieb.

▶ Gemeinkosten werden verursachungsgerecht den Kostenstellen des Betriebsabrechnungsbogens zugeordnet. Hierzu können Schlüssel oder Schätzungen verwendet werden.

▶ Kostenstellen-Einzelkosten können den Kostenstellen, z. B. aufgrund von Gehaltslisten, direkt zugeordnet werden.

▶ Im Betriebsabrechnungsbogen werden die Zuschlagssätze für die Kostenträgerrechnung (Zuschlagskalkulation) berechnet.

▶ Die Gemeinkosten der allgemeinen Kostenstellen können mit dem Anbauverfahren, Stufenleiter- und dem Gleichungssystemverfahren auf die anderen Kostenstellen verteilt werden.

▶ Bei der Ermittlung der Herstellkosten des Umsatzes werden die Mehrbestände abgezogen und die Minderbestände addiert.

▶ Überdeckung im BAB: Normal-Gemeinkosten der Kostenstellen sind größer als die Ist-Gemeinkosten.

▶ Unterdeckung im BAB: Normal-Gemeinkosten der Kostenstellen sind kleiner als die Ist-Gemeinkosten.

3.5 Kostenträgerzeit- und Kostenträgerstückrechnung

3.5.1 Kostenträgerzeitrechnung

Die Kostenträgerzeitrechnung hat folgende Ziele:

Ziele

▶ Ermittlung der **Selbstkosten** sowie des **Betriebserfolgs pro Kostenträger**

▶ Betriebserfolg wird für definierte Zeitperiode dargestellt (Monat, Quartal usw.)

▶ Anteil des Betriebsergebnisses der jeweiligen Kostenträger am Gesamtbetriebsergebnis

▶ strukturierte Darstellung anhand eines Formblatts (Kostenträgerblatt)

▶ Grundlage für Interpretation der Abweichungen zwischen Normal- und Ist-Kosten.

Kosten setzen sich aus dem Produkt „Inputpreis multipliziert mit der verbrauchten Menge an Produktionsfaktoren" zusammen.

Die **Ist-Kosten**, die **nach** Realisierung des Auftrags dokumentiert werden, können z. B. aufgrund von Veränderungen der Inputpreise oder der verbrauchten Mengen schwanken.

Die **Normalkosten werden für die Angebotskalkulation** verwendet, indem für definierte Zeitabschnitte das arithmetische Mittel der Ist-Kosten berechnet wird. Somit ist eine Schätzung des zu erwartenden Betriebserfolgs möglich. Wenn keine Ist-Kosten vorliegen, weil ein erster Auftrag gegeben ist, dann sollte eine Kostenschätzung mit Experten, aus Erfahrung oder durch Intuition, vollzogen werden.

In dem folgenden Kostenträgerblatt werden für zwei Kostenträger A und B die Normal- und Ist-Kosten jeweils gegenübergestellt.

		Normalkosten in Tsd. €		Istkosten in Tsd. €	
		A	B	A	B
	Fertigungsmaterial	100	150	120	170
+	Materialgemeinkosten	20	40	30	40
	Materialkosten	120	190	150	210
	Fertigungslöhne	200	300	200	310
+	Fertigungsgemeinkosten	100	200	100	200
	Fertigungskosten	300	500	300	510
	Herstellkosten der Erzeugung	420	690	450	720
-	Mehrbestand Fertigerzeugnisse	30	60	30	60
+	Minderbestand Fertigerzeugnisse	20	20	20	20
	Herstellkosten des Umsatzes	410	650	440	680
+	Verwaltungsgemeinkosten	40	30	50	30
+	Vertriebsgemeinkosten	30	20	30	20
	Selbstkosten	**480**	**700**	**520**	**730**
	Netto-Umsatz	600	800	600	800
-	Selbstkosten	480	700	520	730
	Betriebsergebnis	**120**	**100**	**80**	**70**

Mehrbestände

Die **Mehrbestände** werden von den Herstellkosten der Erzeugung **abgezogen**, um zu den **Herstellkosten des Umsatzes** zu gelangen, da nur die verkauften Erzeugnisse relevant sind. Die Mehrbestände zeigen nicht-verkaufte Erzeugnisse auf.

Minderbestände

Die **Minderbestände** werden zu den Herstellkosten der Erzeugung **addiert**, da dies Bestände aus der Vorperiode sind, die in der Berichtsperiode verkauft werden.

Interpretation:

► Das Betriebsergebnis auf Normalkostenbasis weist z. B. beim **Kostenträger A** einen positiven Betriebserfolg von 120 auf, während auf Ist-Kostenbasis ein Gewinn von 80 eingetreten ist. Die Selbstkosten sind auf Ist-Kostenbasis auch um 40 Tsd. € höher als auf Normalkostenbasis.

Ursachen für Abweichung

Exemplarische Ursachen für die Abweichung des Betriebsergebnisses sind:

► höhere Materialeinzelkosten können auf Preis- und/oder Verbrauchssteigerungen zurückzuführen sein.

► höhere Materialgemeinkosten, z. B. Hilfsstoffverbrauch oder der Einsatz von Hilfsarbeitern, war speziell bei diesem Auftrag vorher nicht planbar

► höhere Verwaltungsgemeinkosten: Der Aufwand für die Verwaltung war bei der Realisierung des Auftrags höher als auf Normalkostenbasis geplant; Gründe können in einem Mehraufwand für die Koordination der Prozesse oder auch in der Bearbeitung rechtlicher Fragen liegen.

Die Mehrbestände deuten auf Lagerbestände bei den Fertigerzeugnissen hin. Nicht alle produzierten Fertigerzeugnisse konnten abgesetzt werden. Der Minderbestand bei den Fertigerzeugnissen zeigt auf, dass aus dem Lagerbestand der Vorperiode zum Verkauf in der laufenden Periode Fertigerzeugnisse übernommen wurden. Die Mehr- und Minderbestände wurden im Rahmen der Normalkalkulation „richtig" geschätzt, weil im Rahmen der Ist-Kostenrechnung die gleichen Werte resultieren.

Das **Kostenträgerblatt auf Normal- und Ist-Kostenbasis** wird häufig auch als BAB II bezeichnet. Insbesondere beim **Kostenträgerblatt auf Normalkostenbasis** kann man Elemente des Betriebsabrechnungsbogens integrieren, indem Kostenüberdeckungen und Kostenunterdeckungen berücksichtigt werden. Dann resultiert ein weiterer Begriff, das Umsatzergebnis, das als Zwischenstufe zum Betriebsergebnis aufgefasst werden kann.

Kostenträgerblatt auf Normalkostenbasis

Umsatzergebnis (+) Kostenüberdeckung oder (-) Kostenunterdeckung lt. BAB = Betriebsergebnis

Das Umsatzergebnis zeigt die Überschüsse der Kostenträger (Netto-Umsatz - Selbstkosten).

Kostenüberdeckung

	A	B
Netto-Umsatz	600	800
- Selbstkosten	480	700
Umsatzergebnis	120	100
+ Kostenüberdeckung gemäß dem Betriebsabrechnungsbogen (Annahme)	22	35
Betriebsergebnis	142	135

3.5.2 Zuschlagskalkulation

Das Ziel der Zuschlagskalkulation besteht darin, die Selbstkosten im Rahmen einer Vorkalkulation zu berechnen. Zudem muss der Angebotspreis unter Berücksichtigung des Gewinnzuschlags sowie des Kundenskontos und Kundenrabatts ermittelt werden.

Wesentlich ist, dass die Positionen Kundenskonto und Kundenrabatt „im Hundert" berechnet werden. Im folgenden Beispiel wird der Betrag des Barverkaufspreises in Höhe von 1.530.000 € durch 98 Teile dividiert und mit zwei Teilen multipliziert, um den Kundenskonto (31.224,49 €) zu erhalten.

Fertigungsmaterial	100.000,00 €	
Materialgemeinkosten **20 %**	20.000,00 €	
Materialkosten	**120.000,00 €**	
Fertigungslöhne	500.000,00 €	
Fertigungsgemeinkosten **80 %**	400.000,00 €	
Fertigungskosten	**900.000,00 €**	
Herstellkosten (120.000 € + 900.000 €)	**1.020.000,00 €**	
Verwaltungsgemeinkosten **10 %**	102.000,00 €	
Vertriebsgemeinkosten **10 %**	102.000,00 €	
Selbstkosten	**1.224.000,00 €**	
+ Gewinn 25 %	306.000,00 €	
Barverkaufspreis	**1.530.000,00 €**	98 Teile
+ Kundenskonto 2 %	31.224,49 €	2 Teile
Zielverkaufspreis	**1.561.224,49 €**	100 Teile
		90 Teile
+ 10 % Kundenrabatt	173.469,39 €	10 Teile
Angebotspreis (Listenpreis)	**1.734.693,88 €**	100 Teile

3.5.3 Zuschlagskalkulation mit Maschinenstundensätzen

Im Betriebsabrechnungsbogen kann eine Kostenstelle für eine Maschine gebildet werden. Im Rahmen der Maschinenstundensatzrechnung sind

▶ Maschinenkosten

▶ Restfertigungsgemeinkosten

zu unterscheiden.[1] Diese Kosten sind Gemeinkosten.

Maschinenkosten und Maschinenstundensatz

Kalkulatorische Abschreibung	50.000 €
Kalkulatorische Zinsen	20.000 €
Instandhaltungskosten	3.000 €
Raumkosten	1.000 €
Energiekosten	30.000 €
Werkzeugkosten	80.000 €
= Maschinenkosten p. a.	**184.000 €**
Maschinenlaufzeit p. a.	1.500 Stunden (Normalbeschäftigung)
Geplanter Maschinenstundensatz $= \dfrac{\text{Maschinenkosten pro Jahr}}{\text{geplante Maschinenlaufzeit pro Jahr}}$	$= \dfrac{184.000 \,€}{1.500 \,\text{Std.}} = 122,67 \,€$

Eine Maschinenstunde kostet 122,67 €.

Wie verändert sich der Maschinenstundensatz, wenn sich die Maschinenlaufzeit verändert?

Maschinenstundensatz bei Normalbeschäftigung

Fall: Normalbeschäftigung	
Der Anteil der fixen Kosten bei den Maschinenkosten beträgt 70 %.	184.000 € · 0,7 = 128.800 € Fixe Kosten pro Maschinenstunde $\dfrac{128.000\,€}{1.500\,\text{Std.}} = 85,87 \,€/\text{Std.}$
variable Kosten	Maschinenkosten 184.000 € - fixe Kosten 128.000 € = 55.200 € Die variablen Kosten betragen somit 55.200 €. Variable Kosten pro Maschinenstunde $\dfrac{55.200\,€}{1.500\,\text{Std.}} = 36,80 \,€/\text{Std.}$
Maschinenstundensatz	= 85,87€ + 36,80 € = 122,67 €

---

1 Formelsammlung, DIHK 2022, S. 32.

Nachfolgend wird der Maschinenstundensatz unter Berücksichtigung der fixen und variablen Kosten unter der Annahme der Normalbeschäftigung (1.500 Std.) berechnet.

<table>
<tr><td colspan="2" align="center">Fall: Überstunden</td></tr>
<tr>
<td>variable Kosten
pro Maschinenstunde
+
fixe Kosten pro Maschinenstunde</td>
<td>Maschinenlaufzeit 1.800 Stunden

$\dfrac{55.200\,€}{1.500\,\text{Std.}} = 36,80\,€/\text{Std.}$

$\dfrac{128.800\,€}{\textbf{1.800 Std.}} = 71,56\,€/\text{Std.}$

Neuer Maschinenstundensatz = 108,36 €/Std.

Achtung: Bei den fixen Kosten pro Maschinenstunde werden die 1.800 Std. verwendet und bei den variablen Kosten die 1.500 Std.

Begründung: Die variablen Kosten pro Maschinenstunde sind immer gleich, während bei den fixen Kosten die Fixkostendegression berücksichtigt werden muss. Somit ist der Maschinenstundensatz beim Fall „Überstunden" geringer als bei „Normalbeschäftigung".</td>
</tr>
</table>

Maschinenstundensatz bei Überstunden

Restfertigungsgemeinkosten sind zum Beispiel:

▶ Personalkosten (Gehälter, Arbeitgeberanteil Sozialversicherung), die auf den Maschinenplatz im Rahmen des BAB umgelegt werden können

▶ Bürokosten, Werbung, betriebliche Steuern.

Die Fertigungskosten des Maschinenplatzes können in die Zuschlagskalkulation integriert werden.

Zuschlagskalkulation mit Maschinenstundensatz

Materialkosten	Annahme:	200.000 €
Fertigungskostenstelle I (inkl. Fertigungslöhne, Fertigungsgemeinkosten)	Annahme:	150.000 €
Fertigungskostenstelle II (Maschinenplatz)		
Fertigungslöhne	Annahme: 120.000 €	
+ *Restfertigungsgemeinkosten*	Annahme: 40.000 €	
+ *Maschinenkosten* (bei 1.500 Std. Normalbeschäftigung und 122,67 € Maschinenstundensatz, siehe Tabelle oben)	184.000 €	
= Fertigungskosten II		344.000 €
Herstellkosten der Erzeugung		694.000 €

3.5.4 Divisionskalkulation

Die Divisionskalkulation wird bei Unternehmen eingesetzt, die nur ein Produkt (z. B. Zigaretten, Strom) im Rahmen einer Massenfertigung herstellen. Es werden die gesamten Kosten auf die Produktionsmenge einer Periode bezogen, um die Selbstkosten für das Produkt zu erhalten.

$$\text{Selbstkosten des Produkts} = \frac{\text{Gesamtkosten}}{\text{Produktionsmenge}}$$

Ein Produzent hat sich auf die Herstellung eines Kleinteiles spezialisiert. Es liegen für eine Periode Gesamtkosten in Höhe von 5.000 € vor. Es wurden 2.500 Stück Kleinteile produziert.

$$\text{Selbstkosten eines Kleinteiles} = \frac{5.000\,€}{2.500\,\text{Stück}} = 2\,€ \text{ pro Stück}$$

Die produzierten Stückzahlen werden nicht immer gleich abgesetzt. Daher gibt es noch einen zweiten Ansatz im Rahmen der Divisionskalkulation.

$$\text{Selbstkosten eines Produkts} = \frac{\text{Herstellkosten}}{\text{Produktionsmenge}} + \frac{\text{Vertriebskosten}}{\text{Absatzmenge}}$$

Ein Unternehmen baut Sand ab. In einer Periode wurden 1.000 t Sand mit Herstellkosten von 30.000 € erzeugt. In dieser Periode wurden 300 t Sand gelagert. Somit wurden 700 t Sand abgesetzt. Die Vertriebskosten betrugen 2.000 €.

$$\text{Selbstkosten des Sandes} = \frac{30.000\,€}{1.000\,t} + \frac{2.000\,€}{700\,t} = 32{,}86\,€ \text{ pro Tonne Sand}$$

3.5.5 Äquivalenzziffernkalkulation

Die Äquivalenzziffernkalkulation wird bei Produkten mit ähnlichen sowie vergleichbaren (äquivalenten) Produktionsverfahren eingesetzt, wenn die Kostenverhältnisse „bestimmbar und stabil" sind.[1] Die Äquivalenzziffernkalkulation wird z. B. bei der Sortenfertigung angewandt, da die Umstellung der Produktion von einem ähnlichen Produkt (z. B. Bier, T-Shirt) geringfügig ist und die Kosten in einem „festen Kostenverhältnis"[2] zueinanderstehen.

Die Äquivalenzziffernkalkulation wird mit nachfolgendem Beispiel dargelegt.

Ein Textilunternehmen produziert drei Arten von T-Shirts mit den Größen S, M und L.

Die Größe S wird mit der Äquivalenzziffer 1,0 versehen, da die größte Stückzahl produziert wird. Die Produktionszeiten für die T-Shirts sind aus untenstehender Tabelle ersichtlich:

Die Äquivalenzziffern werden für die T-Shirts der Größe S und L berechnet:

T-Shirt Größe S: 3 Min./5 Min. = 0,6
T-Shirt Größe L: 6 Min./5 Min. = 1,2

Es liegen Selbstkosten von 700.000 € vor.

$$\frac{700.000\,€}{47.000}\ (\text{UGM, siehe Tabelle unten}) = 14{,}89361702\,€$$

Die Selbstkosten für T-Shirt M sind 14,89 €, da die Äquivalenzziffer 1,0 ist.

Selbstkosten für T-Shirt S: 14,89361702 € · 0,6 = 8,936170213 €
Selbstkosten für T-Shirt L: 14,89361702 € · 1,2 = 17,87234043 €

T-Shirt	Produktionsmenge (Stück)	Produktions- zeiten	Äquiva- lenz- ziffern	Umgerechnete Menge (UGM)	Selbstkosten je T-Shirt
S	17.000	3 Min.	0,6	17.000 · 0,6 = 10.200	8,94 €
M	20.000	5 Min.	1,0	20.000 · 1,0 = 20.000	14,89 €
L	14.000	6 Min.	1,2	14.000 · 1,2 = 16.800	17,87 €
				47.000	

1 Vgl. Coenenberg, S. 149-50.
2 Vgl. Schmolke S. / Deitermann, M., S. 528.

Die gesamten Selbstkosten jedes T-Shirts berechnen sich wie folgt:

T-Shirt	Produktions-menge (Stück)	Gesamte Selbstkosten je T-Shirt	
S	17.000	8,936170213 €/Stück · 17.000 Stück =	151.914,89 €
M	20.000	14,89361702 €/Stück · 20.000 Stück =	297.872,34 €
L	14.000	17,87234043 €/Stück · 14.000 Stück =	250.212,77 €
		Gesamte Selbstkosten	700.000,00 €

3.5.6 Handelswarenkalkulation

Unternehmen können Waren einkaufen und unverarbeitet wieder verkaufen. Bei Handelsunternehmen liegt im Weiterverkauf das Kerngeschäft, während bei Industrieunternehmen häufig Zubehör gehandelt wird.

Im nachfolgenden Beispiel wird das Kalkulationsschema für Handelswaren gezeigt. Die Bezugskosten beinhalten z. B. Frachtkosten, Zölle usw. Die Geschäftskosten stellen eine Gemeinkostenpauschale dar, die für die Bestellabwicklung, Lagerung, Kommissionierung und allgemeine Verwaltung für die Handelswaren angesetzt werden können. Die relevanten Geschäftskosten können aus dem Betriebsabrechnungsbogen entnommen oder über die Prozesskostenrechnung ermittelt werden.

BEISPIEL

	Listeneinkaufspreis netto	100,00 €
-	10 % Liefererrabatt	10,00 €
	Zieleinkaufspreis	90,00 €
-	2 % Liefererskonto	1,80 €
	Bareinkaufspreis	88,20 €
+	+ Bezugskosten	7,00 €
	Bezugspreis	95,20 €
+	Geschäftskosten	20,00 €
	Selbstkostenpreis	115,20 €
+	Gewinn 25 %	28,80 €
	Barverkaufspreis = Listenverkaufspreis (wenn kein Kundenskonto oder Kundenrabatt gewährt wird)	144,00 €

Handelsspanne, Kalkulationszuschlag, Kalkulationsfaktor

Im Rahmen der Handelskalkulation gibt es verschiedene Fachbegriffe:

▶ $\text{Handelsspanne} = \dfrac{\text{Listenverkaufspreis - Bezugspreis}}{\text{Listenverkaufspreis}} \cdot 100$

$$= \dfrac{144\,€ - 95,20\,€}{144\,€} \cdot 100 = 33,9\,\%$$

▶ $\text{Kalkulationszuschlag} = \dfrac{\text{Listenverkaufspreis - Bezugspreis}}{\text{Bezugspreis}} \cdot 100$

$$= \dfrac{144\,€ - 95,20\,€}{95,20\,€} \cdot 100 = 51,3\,\%$$

▶ $\text{Kalkulationsfaktor} = \dfrac{\text{Listenverkaufspreis}}{\text{Bezugspreis}}$

$$= \dfrac{144\,€}{95,20\,€} = 1,5126$$

Mit dem Kalkulationsfaktor kann der Verkäufer einer Handelsware aufgrund der Kenntnis des Bezugspreises durch Multiplikation mit dem Kalkulationsfaktor den Listenverkaufspreis berechnen. Der Kalkulationsfaktor schließt die Geschäftskosten sowie den Gewinnzuschlag mit ein.

IM ÜBERBLICK

▶ Die Ziele der Kostenträgerzeitrechnung sind: Ermittlung der Selbstkosten sowie des Betriebserfolgs pro Kostenträger für eine bestimmte Periode (Monate, Quartal usw.).

▶ Mit der Zuschlagskalkulation wird der Angebotspreis berechnet.

▶ Kundenskonto und Kundenrabatt werden bei der Vorwärtskalkulation zur Ermittlung des Angebotspreises „im Hundert" gerechnet.

▶ Die Kosten eines Maschinenplatzes setzen sich aus den Fertigungslöhnen, den Restfertigungsgemeinkosten (z. B. Gehälter, Bürokosten) und den Maschinenkosten (fix, variabel) zusammen.

▶ Die Maschinenkosten enthalten: kalkulatorische Abschreibung, kalkulatorische Zinsen, Instandhaltungskosten, Raumkosten, Energiekosten und Werkzeugkosten.

▶ Der Maschinenstundensatz wird mit dem Verhältnis Maschinenkosten dividiert durch Maschinenlaufzeit berechnet.

▶ Die Divisionskalkulation wird bei Massenfertigung (z. B. Zigaretten, Strom) eingesetzt.

▶ Die Äquivalenzziffernkalkulation kann bei der Sortenfertigung verwendet werden.

▶ Handelswarenkalkulation: Der Kalkulationszuschlag sowie der Kalkulationsfaktor stellen Möglichkeiten dar, um anhand des Bezugspreises direkt den Listenverkaufspreis zu ermitteln.

3.6 Vergleich von Vollkosten- und Teilkostenrechnung

3.6.1 Begründung der Teilkostenrechnung

Die Vollkostenrechnung erfasst alle Kosten, während die Teilkostenrechnung fixe und variable Kosten verwendet.

Die Zuschlagskalkulation weist verschiedene Mängel auf:

Mängel	Erläuterung
fehlender direkter Zusammenhang zwischen Fertigungslöhnen und Fertigungsgemeinkosten	Bei anlageintensiven Betrieben treten bei den Fertigungsgemeinkosten hohe Anteile der Abschreibung auf. Wenn ein hoher Automatisierungsgrad vorliegt, dann sind die Fertigungslöhne im Verhältnis zu den Fertigungsgemeinkosten geringer, so dass hohe Zuschlagssätze entstehen. Beispiel: Fertigungsgemeinkostenzuschlagssatz $$= \frac{\text{Fertigungsgemeinkosten}}{\text{Fertigungslöhne}}$$ Die Fertigungslöhne können keine geeignete Bezugsgrundlage sein, wenn in den Fertigungsgemeinkosten z. B. hohe Anteile Abschreibungen vorhanden sind.
hohe Verwaltungs- und Vertriebsgemeinkosten bei der <u>Stückkalkulation</u>	Die absoluten Zuschläge für Verwaltungs- und Vertriebsgemeinkosten steigen bei sehr hohen Stückzahlen an und entsprechen nicht mehr den „wirklichen" Verwaltungs- und Vertriebsgemeinkosten. Die hohen Verwaltungs- und Vertriebsgemeinkosten sind nicht zu rechtfertigen, so dass in der Praxis hohe Rabatte gegeben werden.
Gemeinkostenzuschlagssatz und der Anteil der fixen Gemeinkosten	Die fixen Gemeinkosten werden proportionalisiert („→**Proportionalisierung der fixen Kosten**"), wenn sich der Beschäftigungsgrad (produzierte Menge) erhöht. Die fixen Kosten sind „normalerweise" unabhängig von Beschäftigungsänderungen. Der Gemeinkostenzuschlagssatz wird z. B. auf die erhöhten Materialeinzelkosten zugeschlagen und somit erhöhen sich die Materialgemeinkosten, was sie nicht dürften, wenn z. B. die Materialgemeinkosten aus 100 % fixen Kosten besteht (Annahme). Somit liegt ein Fehler in der Zuschlagskalkulation vor.

Die angeführten Mängel der Vollkostenrechnung führen dazu, dass die Teilkostenrechnung für verschiedene betriebliche Situationen genutzt wird. Die Vollkosten- und Teilkostenrechnung werden nachfolgend gegenübergestellt.

Vollkostenrechnung	Teilkostenrechnung
Die Ermittlung des Angebotspreises ist das **Ziel**.	Der Marktpreis ist der **Ausgangspunkt**.
Summe aller Kosten + Gewinnzuschlag = **Preis**	**Preis** - variable Stückkosten = Deckungsbeitrag pro Stück - fixe Kosten pro Stück = Betriebserfolg pro Stück
geeignet für Monopolisten oder engen Oligopolisten, die aufgrund der Marktmacht die Preise setzen können	einsetzbar bei Wettbewerb, da meist der Preis als „Datum" (fixe Größe) vorgegeben und nicht veränderbar ist
mittel- bis langfristige Kostenkontrolle (Vor- und Nachkalkulation)	für kurzfristige Entscheidungen
Orientierung an Kostenarten, Kostenstellen und Zuschlagssätzen sowie an den Einzelkosten als Zuschlagsgrundlage, jedoch nicht am Markt	marktorientiert

3.6.2 Absolute einstufige Deckungsbeitragsrechnung

Die Teilkostenrechnung verwendet zur **kurzfristigen Entscheidungsfindung** (z. B. Annahme eines Auftrags) nur einen „Teil der Kosten". Dies sind die **variablen Kosten**. Die Teilkosten- oder Deckungsbeitragsrechnung ist **marktorientiert** und nutzt den Marktpreis bei Wettbewerb als Ausgangspunkt.

Wesentlich ist, dass die Kosten im Rahmen der Teilkostenrechnung in variable und fixe Kosten aufgelöst werden. Der Gesamt- sowie der Stückdeckungsbeitrag sind wie folgt definiert:

Gesamtdeckungsbeitrag	Stückdeckungsbeitrag
Umsatz (US) - variable Gesamtkosten (K_v)	Preis pro Stück (p) - variable Stückkosten (k_v)
Gesamtdeckungsbeitrag (DB) - fixe Kosten (K_f)	Stückdeckungsbeitrag (db) - fixe Kosten pro Stück (K_f/x)
Betriebserfolg (BE)	Betriebserfolg pro Stück (BE/x)

Die Sun GmbH produziert individuelle Sonnenschirme vom Typ SXXL. Der Stückpreis beträgt 100 €. Es fallen bei der Produktion variable Stückkosten in Höhe von 60 € an. Die gesamten fixen Kosten werden mit 50.000 € dokumentiert. Von Typ SXXL werden 2.000 Stück produziert. Berechnen Sie den Betriebserfolg gesamt sowie pro Stück.

US 100 €/St. · 2.000 St. =	200.000 €	p 100 €/St.		
- K$_v$ 60 €/St. ·2.000 St. =	120.000 €	- k$_v$ 60 €/St.		
DB	80.000 €	db 40 €/St.		
- K$_f$	50.000 €	- K$_f$/x 50.000 €/2.000 St. = 25 €/St.		
Betriebserfolg	30.000 €	BE/x 15 €/St.		

Aufträge werden im Rahmen der Deckungsbeitragsrechnung angenommen, wenn ein positiver Deckungsbeitrag resultiert.

Auftragsannahme bei: **p > k$_v$**

Wenn der Stückpreis p größer ist als die variablen Stückkosten k_v, dann können mit dem Stückdeckungsbeitrag die fixen Kosten pro Stück gedeckt werden. Somit werden Verluste vermieden. Wenn der Stückpreis p kleiner als die variablen Stückkosten k_v ist, dann reicht der Stückdeckungsbeitrag db nicht aus, um die fixen Kosten pro Stück zu decken. Es wird ein Verlust erzeugt.

Allerdings kann es vorkommen, dass ein Unternehmen trotz des negativen Deckungsbeitrags den Auftrag annimmt, um die Geschäftsbeziehungen zu erhalten und dann mit möglichen zukünftigen Aufträgen wieder positive Deckungsbeiträge zu generieren.

Bei Mehrproduktunternehmen kann ein niedriger Preis als Teil des Marketingansatzes dazu führen, dass ein negativer Deckungsbeitrag entsteht, der mit positiven Deckungsbeiträgen anderer Produkte kompensiert wird.

Es gibt die kurz- und die langfristige →**Preisuntergrenze**.

Kurzfristige Preisuntergrenze: p = k_v

Eine kurzfristige Preisuntergrenze liegt vor, wenn der Stückpreis p gleich den variablen Stückkosten k_v ist. Kurzfristig kann die Nichtdeckung der fixen Stückkosten durch den Stückdeckungsbeitrag db und somit der Betriebsverlust verkraftet werden.

kurzfristige Preisuntergrenze

Langfristige Preisuntergrenze: p = k_v + K_f/x

Langfristig kann kein Unternehmen mit Gewinnerzielungsabsicht auf den Gewinn verzichten. Der Gewinn stellt Unternehmereinkommen sowie die Mittel bereit, die für zusätzliche Investitionen benötigt werden.

langfristige Preisuntergrenze

Ein weiterer wesentlicher Aspekt besteht darin, die Gewinnschwellenmenge (Break-Even-Menge) zu ermitteln. Hierfür sollte die Umsatz- oder Erlösfunktion sowie die Kostenfunktion aufgestellt werden.

Break-Even-Berechnungen

▶ Umsatzfunktion: US (x) = p · x

Der Umsatz US ist abhängig von der verkauften Menge x.

▶ Kostenfunktion: K (x) = K_f + k_v x

Die Kosten sind abhängig von der verkauften Menge.

Die Gewinnschwellenmenge (Break-Even-Menge) wird ermittelt, indem die Umsatzfunktion gleich der Kostenfunktion gesetzt wird. Wenn der Umsatz gleich den Kosten ist, dann ist der Gewinn Null.

Umsatz = Kosten   p · x = K_f + k_v x   p · x - k_v x = K_f

X (p - k_v) = K_f

Es resultiert folgende Formel, weil (p - k_v) = db ist:

$$x = \frac{K_f}{db}$$

Die Fun GmbH produziert Outdoor-Kletteranlagen. Es liegen folgende Daten für ein Geschäftsjahr vor:

p = 200.000 €; k_v = 150.000 €; K_f = 600.000 €

Ermitteln Sie die Gewinnschwellenmenge.

$$x = \frac{600.000\,€}{200.000\,€/Stück - 150.000\,€/Stück} = 12\ Stück$$

Die Gewinnschwellenmenge liegt bei 12 Outdoor-Kletteranlagen pro Jahr.

Wie kann die Break-Even-Menge des Beispiels grafisch dargestellt werden?

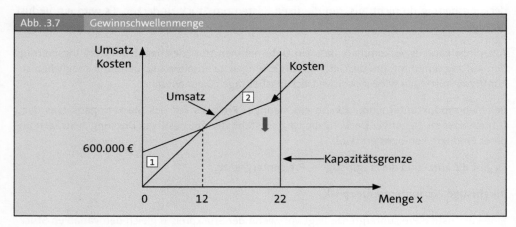

Abb. .3.7   Gewinnschwellenmenge

► Die fixen Kosten stellen den Ordinatenabschnitt dar, während die **variablen Stückkosten das Steigungsmaß der Kostenkurve** abbilden. Die variablen Stückkosten entsprechen den Grenzkosten (zusätzliche Kosten bei einer zusätzlichen Mengeneinheit)

► Aus obiger Abbildung ist auch die Kapazitätsgrenze ersichtlich. Die Kapazitätsauslastung bei der Gewinnschwellenmenge liegt bei 54,5 % [(12/22)·100].

► Der Gewinn (Umsatz minus Kosten) ist bei der Kapazitätsgrenze maximal. Die Verlustzone wird mit der Fläche „1" und die Gewinnzone mit „2" bezeichnet.

► Break-Even-Umsatz: 12 Stück · 200.000 €/St. = 2.400.000 €

Wenn die verkaufte Menge an Outdoor-Kletteranlagen unter 12 Stück liegt, dann macht die Fun GmbH einen Verlust. Wie kann die Fun GmbH den möglichen Verlust kompensieren? Hierzu gibt es mehrere Möglichkeiten.

Break-Even-Point bei
Senkung der fixen Kosten

► **Senkung der fixen Kosten (bei gleichen variablen Stückkosten und gleichem Preis)**

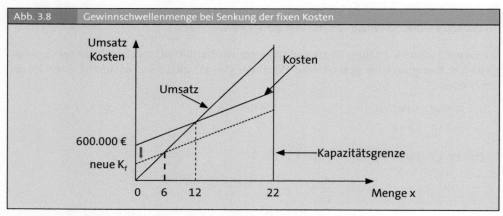

Abb. 3.8   Gewinnschwellenmenge bei Senkung der fixen Kosten

Annahme: Die fixen Kosten werden um 50 % gesenkt. Neue K_f = 300.000 €

$$\text{Neue Gewinnschwellenmenge:} \quad x = \frac{K_f}{db} = \frac{300.000\,€}{50.000\,€/St.} = 6\,St.$$

► **Erhöhung des Verkaufspreises (bei gleichen Fixkosten und gleichen variablen Stückkosten)**

Break-Even-Point bei Erhöhung des Verkaufspreises

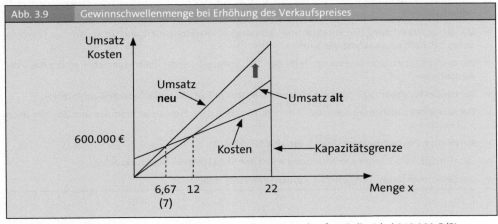

Abb. 3.9   Gewinnschwellenmenge bei Erhöhung des Verkaufspreises

Annahme: Erhöhung des Verkaufspreises um 20 %; der neue Verkaufspreis liegt bei 240.000 €/St.;

db = 240.000 €/St. - 150.000 €/St. = 90.000 €/St.

$$\text{Neue Gewinnschwelle: } x = \frac{600.000\,€}{90.000\,€/\text{Stück}} = 6{,}67 \text{ Stück } (= 7 \text{ Stück})$$

► **Senkung der variablen Stückkosten (bei gleichen fixen Kosten und gleichem Preis)**

Break-Even-Point bei Senkung der variablen Stückkosten

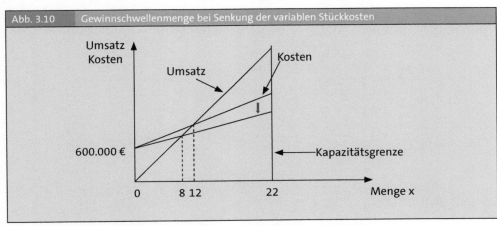

Abb. 3.10   Gewinnschwellenmenge bei Senkung der variablen Stückkosten

Annahme: Senkung der variablen Stückkosten um 20 %; neue k_v = 120.000 €

db = 200.000 €/St. - 120.000 €/St. = 80.000 €/St.

$$x = \frac{600.000\,€}{80.000\,€/\text{Stück}} = 7{,}5 \text{ Stück } (= 8 \text{ Stück})$$

Es gäbe noch eine vierte Möglichkeit, dass die fixen Kosten sowie die variablen Stückkosten sinken (bei gleichem Preis).

Wie können sich Erweiterungsinvestitionen auf die Gewinnschwellenmenge auswirken?

Das Unternehmen Fun GmbH möchte die Kapazitätsgrenze erweitern und baut eine Produktionshalle. Die zusätzlichen Investitionskosten betragen 2 Mio. €. Es wird eine betriebliche Nutzungsdauer von 20 Jahren unterstellt. Somit fallen pro Jahr Abschreibungen in Höhe von 100.000 € an.

Neue fixe Kosten/Stückdeckungsbeitrag	= (600.000 € +100.000 €)/50.000 € pro Stück
	= 14 Stück

Die neue Gewinnschwellenmenge liegt bei 14 Stück. Die Gewinnzone beginnt ab der 15. Outdoor-Kletteranlage. Die erhöhten fixen Kosten müssen durch mehr Verkäufe von Kletteranlagen finanziert werden.

► Die Vollkostenrechnung weist verschiedene Mängel auf, wobei ein Kernaspekt die mangelnde Marktorientierung ist.

► Die Teilkostenrechnung (Deckungsbeitragsrechnung) ist marktorientiert und für kurzfristige Entscheidung, z. B. Auftragsannahme, geeignet.

► Bei der Vollkostenrechnung ist der Preis das Ziel, während bei der Teilkostenrechnung der Preis der Ausgangspunkt ist.

► Bei der Deckungsbeitragsrechnung werden die Kosten in fixe und variable Kosten aufgeteilt.

► Der Stückdeckungsbeitrag stellt die Differenz zwischen dem Preis eines Produkts und den variablen Stückkosten dar.

► Kurzfristige Preisuntergrenze: Preis = variable Stückkosten

► Langfristige Preisuntergrenze: Stückpreis = variable Stückkosten + fixe Stückkosten

► Die Gewinnschwellenmenge wird als Break-Even-Point bezeichnet.

4. Auswertung der betriebswirtschaftlichen Zahlen

4.1 Aufbereitung und Auswertung der Zahlen

4.1.1 Adressaten der Auswertungen

Am Jahresabschluss (Bilanz, Gewinn- und Verlustrechnung, evtl. Lagebericht) haben verschiedene **externe sowie interne** Personen oder Gruppen Interesse. Derartige Personen oder Gruppen, die Interesse an einem Jahresabschluss, einem Projekt oder Unternehmen haben, nennt man „**Stakeholder**". Dazu gehören beispielsweise:

Stakeholder

externe Stakeholder	Fondsmanager, Gesellschafter, Kreditgeber, Kunden, Lieferanten, Öffentlichkeit und Politiker, Wettbewerber
interne Stakeholder	Arbeitnehmer, Betriebsrat, Geschäftsleitung

Die Stakeholder verfolgen ihre jeweiligen Interessen, sodass die Auswertungsziele der Bilanz sowie der Gewinn- und Verlustrechnung unterschiedlich sind.

externe Stakeholder	exemplarisches Interesse am Jahresabschluss
Fondsmanager	Gesamtkapitalrentabilität
Gesellschafter	Eigenkapitalrentabilität
Kreditgeber	Kapitaldienst: Zinszahlungen und Rückzahlung des Kredits
Kunden	Gewinne des Unternehmens, sodass Angebot auf dem Markt erhalten bleibt
Lieferanten	Liquidität: Fähigkeit, die Lieferantenrechnungen zu bezahlen
Öffentlichkeit und Politiker	Gewinne des Unternehmens, damit Produktionsstandort und Arbeitsplätze gesichert sind
Wettbewerber	Gewinne, Liquidität: Bleibt das Unternehmen auf dem Markt?
interne Stakeholder	**exemplarisches Interesse am Jahresabschluss**
Arbeitnehmer	Gewinnhöhe, z. B. wegen Erfolgsbeteiligung
Betriebsrat	Arbeitsplatzsicherheit aufgrund der Absätze, Gewinne
Geschäftsleitung	Rentabilität, Eigenkapitalquote, Liquidität, Lagerumschlag usw.

Es gibt viele Kennzahlen zur Auswertung der Bilanz sowie der Gewinn- und Verlustrechnung zu bilden. Im Folgenden werden *ausgewählte* Kennzahlen dargelegt.

4.1.2 Bildung von Kennzahlen

Die Stakeholder können sich über die wirtschaftlichen Verhältnisse eines Unternehmens einen Überblick verschaffen, indem die Bilanz sowie die Gewinn- und Verlustrechnung mit Kennzahlen ausgewertet werden.

Um die Auswertung der Kennzahlen zu ermöglichen, werden die Bilanz (§ 266 HGB) sowie die Gewinn- und Verlustrechnung (§ 275 HGB) entsprechend aufbereitet. Es wird im Rahmen der Bilanzanalyse (Fachbegriff der Praxis: gemeint ist die Analyse des Jahresabschlusses) eine „**Strukturbilanz**" erstellt. Anhand der Strukturbilanz werden Kennzahlen gebildet.

Kennzahlenarten

Es gibt verschiedene Arten von Kennzahlen:[1]

► absolute Kennzahlen, z. B. Umsatz

► Gliederungszahl $= \dfrac{\text{Teilmasse}}{\text{Gesamtmasse}}$, z. B. Eigenkapitalquote

► Beziehungszahl: zwei Größen stehen in einem Verhältnis zueinander,

z. B. Eigenkapitalrendite $= \dfrac{\text{Gewinn}}{\text{Eigenkapital}} \cdot 100$

BEISPIEL

Die Strukturbilanz der Robotik e. K. hat nicht den Detaillierungsgrad der Bilanz nach § 266 HGB. Sie wird so aufbereitet, dass die Bildung von Kennzahlen möglich ist.

Die Zahlen in Klammern stellen die Vorjahreswerte dar, während die Zahlen ohne Klammern die Werte der Berichtsperiode aufzeigen.

A	Strukturbilanz 31.12.00 (in Mio. €)		P
A. Anlagevermögen	150 (120)	A. Eigenkapital	160 (50)
B. Umlaufvermögen		B. Fremdkapital	
I. Vorräte	50 (30)	I. Langfristig	90 (120)
II. Forderungen a. LL	60 (20)	II. Kurzfristig	80 (50)
III. Zahlungsmittel	70 (50)		
	330 (220)		330 (220)

vertikale Kennzahlen

Vertikale Kennzahlen – Aktivseite der Bilanz:

Die Anlagenintensität kann als relevante Kennzahl (vertikale Bilanzkennzahl) verwendet werden. Mit dieser Kennzahl wird deutlich, wie hoch die Kapitalbindung ist, die wiederum fixe Kosten verursacht. Die Anlagenintensität gibt auch einen Hinweis auf die Anpassungsfähigkeit bei Beschäftigungsschwankungen. Bei einem Beschäftigungsrückgang können die Kapazitäten nicht mehr genutzt werden und es entstehen →Leerkosten.

Anlageintensität $= \dfrac{\text{Anlagevermögen}}{\text{Gesamtvermögen}} \cdot 100 = \dfrac{150}{330} \cdot 100 = 45{,}5\,\%$

Wenn ein Wert größer 50 % resultiert, dann ist das Anlagevermögen größer als das Umlaufvermögen. Da Anlage- und Umlaufvermögen das Gesamtvermögen ergeben, ergibt sich die Umlaufintensität wie folgt:

Umlaufintensität = 1 – Anlagenintensität

Die Umlaufintensität kann auch durch folgende Formel berechnet werden:

Umlaufintensität $= \dfrac{\text{Umlaufvermögen}}{\text{Gesamtvermögen}} \cdot 100 = \dfrac{180}{330} \cdot 100 = 54{,}5\,\%$

Vertikale Kennzahlen – Passivseite der Bilanz:

Eigenkapitalquote $= \dfrac{\text{Eigenkapital}}{\text{Gesamtkapital}} \cdot 100 = \dfrac{160}{330} \cdot 100 = 48{,}5\,\%$

Je höher die Eigenkapitalquote ist, desto unabhängiger ist das Unternehmen von Fremdkapitalgebern. Das Eigenkapital dient zur Finanzierung der Investitionen und beinhaltet eine Haftungsfunktion (Haftungskapital). Die Eigenkapitalquote sollte aus „praktischer" Sicht größer als 30 % sein. Aus „theoretischer" Perspektive sollte die Eigenkapitalquote mindestens 50 % betragen. Zur Beurteilung der Eigenkapitalquote sollte auch ein Betriebsvergleich herangezogen werden. Die Eigenkapitalquote von 48,5 % des Beispiels ist ausgezeichnet.

---

1 Vgl. Bourier, G., Beschreibende Statistik, 7. Auflage, Gabler-Verlag, 2008, S. 119-120.

Horizontale Kennzahlen:

$$\text{Anlagendeckung I} = \frac{\text{Eigenkapital}}{\text{Anlagevermögen}} \cdot 100 = \frac{160}{150} \cdot 100 = 106{,}7\,\%$$

Das Eigenkapital sollte ausreichen, um das Anlagevermögen abzudecken. Daher sollte die Anlagendeckung I mindestens 100 % betragen. Bei einem Wert von über 100 % finanziert das Eigenkapital auch Teile des Umlaufvermögens (z. B. eiserne Bestände des Vorratsvermögens).

Das Anlagevermögen stellt wesentliche Elemente des Unternehmens dar, die durch eigene Mittel finanziert werden sollten. Da diese Kennzahl elementar ist, wird sie auch als **„goldene Bilanzregel"** bezeichnet. Hierbei wird auch die Fristenkongruenz berücksichtigt, dass langfristige Vermögensgegenstände (AV) durch langfristiges Kapital (EK) finanziert werden sollten.

4.1.3 Betriebs- und Zeitvergleiche

Die Daten des Jahresabschlusses werden über Kennzahlen verdichtet, damit der Bilanzanalytiker einen Überblick über das Unternehmen erhält. Der Jahresabschluss kann einem Zeit- und Betriebsvergleich unterzogen werden.

Innerhalb eines *Zeitvergleichs* werden die Kennzahlen der Jahresabschlussanalyse über die Zeit beobachtet.

Umsatz der letzten fünf Geschäftsjahre für ein Produkt

Jahr	01	02	03	04	05
Umsatz in T€	180	160	150	140	130

Aus dem Zeitvergleich ist erkennbar, dass sich der Umsatz eines Produktes kontinuierlich reduzierte. Die Ursachen für den Rückgang des Umsatzes sind zu ergründen. Möglicherweise befindet sich das Produkt im Rahmen des Produktlebenszyklus in der Degenerationsphase. Eine andere Möglichkeit besteht darin, dass zusätzliche Wettbewerber am Markt auftreten und weniger Produkte (bei gleichem Absatzpreis) verkauft werden.

Bilanz aus >> Kapitel 4.1.2: Bildung von Kennzahlen:

A	Strukturbilanz 31.12.00 (in Mio. €)		P
A. Anlagevermögen	150 (120)	A. Eigenkapital	160 (50)
B. Umlaufvermögen		B. Fremdkapital	
I. Vorräte	50 (30)	I. Langfristig	90 (120)
II. Forderungen a. LL	60 (20)	II. Kurzfristig	80 (50)
III. Zahlungsmittel	70 (50)		
	330 (220)		330 (220)

Es werden die Werte der Bilanzpositionen der Berichtsperiode und des Vorjahres angegeben. Beispielsweise:

▶ Erhöhung des Anlagevermögens um 30 Mio. € vom Vorjahr zum Berichtsjahr.

Das Unternehmen hat investiert.

▶ Deutliche Zunahme des Eigenkapital von 50 auf 160 Mio. € von der Vor- zur Berichtsperiode. Das Unternehmen hat einen Gewinn erzielt und/oder die Gesellschafter haben zusätzliches Eigenkapital in das Unternehmen eingelegt.

Werden mehrere Bilanzen mit Berichts- und Vorjahreswert analysiert, kann zu jeder Bilanzposition oder zu jeder Kennzahl eine Zeitreihe dargelegt werden.

Bei einem *Betriebsvergleich* erhebt eine Institution (Geschäftsbank, Industrie- und Handelskammer, Handwerkskammer, Innung, Forschungsinstitut usw.) Daten zur Bilanz sowie zur Gewinn- und Verlustrechnung durch eine Stichprobe bei Mitgliedsunternehmen (z. B. IHK, Handwerkskammer) oder im Rahmen von Kreditanträgen bei den Geschäftsbanken. Die Bilanz- sowie GuV-Daten werden nach Beschäftigten- und/oder Umsatzgrößenklassen gruppiert und Durchschnittswerte der Kennzahlen gebildet (Betriebsvergleich).

Der Ersteller eines Betriebsvergleichs definiert die Kennzahlen. Der Bilanzanalyst vergleicht im Rahmen einer Schwachstellenanalyse die Kennzahlen des Betriebsvergleichs der zugehörigen Branche sowie Betriebsgrößenklasse mit den Kennzahlen des zu untersuchenden Unternehmens. Aus den Abweichungen können Schlüsse für Steuerungsmaßnahmen gezogen werden.

In einem Betriebsvergleich für Schreinereien wurde ein Gewinn von 200.000 € dokumentiert. Ein Unternehmen mit vergleichbarer Größe erzielte lediglich einen Gewinn von 120.000 €.

Der Bilanzanalytiker stellt die Abweichung fest und untersucht die Ursachen. Es könnte zu wenig Umsatz erzeugt worden sein, wobei der Absatzpreis sowie die Absatzmenge zu analysieren sind.

Beispielsweise könnte die Arbeitsproduktivität (= Umsatz/Beschäftigte) im eigenen Unternehmen geringer sein als der entsprechende Durchschnitt im Betriebsvergleich. Der Bilanzanalytiker stellt sich weiter die Frage, ob die Gehälter des untersuchten Unternehmens gegenüber dem Durchschnitt des Betriebsvergleichs höher sind. Mit dem Betriebsvergleich ist ein Maßstab vorhanden, um mögliche Schwachstellen zu identifizieren.

Der Betriebsvergleich beinhaltet auch kritische Aspekte.

▶ Sind die Produkte der Unternehmen aus dem Betriebsvergleich mit dem eigenen Produktportfolio vergleichbar?

▶ Aus welchem Jahr ist der Betriebsvergleich? Müssen die Zahlen des Betriebsvergleichs zum Untersuchungsjahr hochgerechnet werden?

▶ In welcher Region wurde der Betriebsvergleich erhoben? Sind die Daten aufgrund regionaler Aspekte vergleichbar?

Um sich ein Bild über die wirtschaftliche Lage des Unternehmens zu verschaffen, benötigt ein Bilanzanalytiker ca. 30 - 50 Kennzahlen. In der DIHK-Formelsammlung sind einige Kennzahlen dokumentiert.

Zudem sind neben den quantitativen Daten (Bilanz- sowie Gewinn- und Verlustrechnung) auch qualitative Informationen notwendig, die meist durch Interviews mit der Geschäftsleitung oder dem Leiter des Rechnungswesens erhoben werden. Aus dem Zusammenspiel von quantitativen und qualitativen Daten entsteht ein Gesamtbild des Unternehmens.

IM ÜBERBLICK

▶ An der Auswertung des Jahresabschlusses haben interne und externe Stakeholder Interesse.

▶ Ein Betriebs- und/oder Zeitvergleich bietet einen Maßstab zur Analyse des Jahresabschlusses.

▶ Ein Bilanzanalytiker benötigt quantitative und qualitative Informationen für ein Gesamtbild des Unternehmens.

4.2 Rentabilitätsrechnungen

4.2.1 Eigenkapitalrentabilität

Die Bilanz aus >> Kapitel 4.1.2 wird hier nochmals dokumentiert, um nachfolgend die drei Kennzahlen Eigenkapitalrentabilität, Gesamtkapitalrentabilität sowie Umsatzrentabilität vorzustellen.

A	Strukturbilanz 31.12.00 (in Mio. €)		P
A. Anlagevermögen	150 (120)	A. Eigenkapital	160 (50)
B. Umlaufvermögen	50 (30)	B. Fremdkapital	
I. Vorräte	60 (20)	I. Langfristig	90 (120)
II. Forderungen a. LL	70 (50)	II. Kurzfristig	80 (50)
III. Zahlungsmittel			
	330 (220)		330 (220)

Eine Gewinn- und Verlustrechnung wird exemplarisch dargelegt.

Soll	Gewinn- und Verlustrechnung - Berichtsperiode		Haben
Aufwendungen		**Erträge**	
Aufwendungen für Roh-, Hilfs- und Betriebsstoffe	50	Umsatzerlöse	300
Zinsaufwand	30	Zinserträge	20
Personalaufwand	80		
Abschreibung	50		
Gewinn	**110**		
	320		320

Eigenkapitalrentabilität

$$\text{Eigenkapitalrentabilität (EKR)} = \frac{\text{Gewinn}}{\text{Eigenkapital}} = \frac{110}{160} = 68,75\,\%$$

▶ Die EKR stellt die **relative** Verzinsung des eingesetzten Eigenkapitals dar. Die absolute Verzinsung ist der Gewinn.

▶ Die EKR kann über einen Betriebs- und Zeitvergleich bewertet werden. Jedoch sollten auch die alternativen Anlagemöglichkeiten als Vergleich dienen.

▶ Wenn ein Investor bei einer Bankeinlage oder auf dem Aktienmarkt eine niedrigere Verzinsung als mit der Einlage in das Unternehmen erreicht, dann ist die EKR als „gut" zu bewerten. Ein Urteil über eine EKR sollte immer mit einer Begründung verbunden sein (hier: z. B. EKR größer Zinssatz für Festgeld).

▶ Bei einem angenommenen Festgeldzinssatz von 3,5 % (Januar 2024), der die Opportunitätskosten darstellt, kann die Eigenkapitalrentabilität als sehr gut bezeichnet werden.

4.2.2 Gesamtkapitalrentabilität

Die Formel für die Gesamtkapitalrentabilität (GKR) lautet:

$$\text{Gesamtkapitalrentabilität (GKR)} = \frac{\text{Gewinn + Fremdkapitalzinsen}}{\text{Gesamtkapital}} \cdot 100$$

$$= \frac{110 + 30}{330} \cdot 100 = 42,4\,\%$$

Die GKR stellt die Verzinsung des gesamten eingesetzten Kapitals dar.

► Die Bewertung der GKR kann über einen **Betriebs- und Zeitvergleich** erfolgen. Wesentlich ist, dass die GKR größer ist als der Fremdkapitalzinssatz (FKZ).

► Somit kann ein positiver **Leverageeffekt** bewirkt werden. Wenn diese Bedingung (Gesamtkapitalrentabilität > Fremdkapitalzinssatz) nicht gegeben ist, dann wird ein negativer Leverageeffekt erzeugt.

EXKURS

Leverageeffekt

Durch die Aufnahme von Fremdkapital wird die Eigenkapitalrentabilität gesteigert.

► Wenn von einem Fremdkapitalzinssatz von 4 % (Januar 2024) ausgegangen wird, dann ist die Gesamtkapitalrentabilität von 42,4 % ausgezeichnet.

4.2.3 Umsatzrentabilität

Die Formel für die Berechnung der Umsatzrentabilität (USR) lautet:

$$\text{Umsatzrendite} = \frac{\text{Gewinn}}{\text{Umsatz}} \cdot 100 = \frac{110}{300} \cdot 100 = 36{,}7\,\%$$

► Die Umsatzrendite zeigt den Gewinnanteil am Umsatz.

► Die Umsatzrendite kann über einen Betriebs- und Zeitvergleich bewertet werden.

► Unter „praktischen" Aspekten wird eine Umsatzrendite von 10 % als „gut" betrachtet, weil der Durchschnitt vieler Unternehmen einen derartigen Wert aufweist.

► Die Umsatzrendite kann als Grundlage für den Gewinnzuschlag verwendet werden, wenn eine Zeitreihe hierzu aufgestellt und ein Durchschnittswert gebildet wird.

► Die Umsatzrentabilität von 36,7 % ist ausgezeichnet.

4.2.4 Return on Investment

Häufig wird als Alternative zur Ermittlung der Gesamtkapitalrentabilität der **Return on Investment** berechnet.

Return on Investment (ROI) = Umsatzrendite · Kapitalumschlagshäufigkeit

USR = 36,7 % (siehe >> Kapitel 4.2.3 Umsatzrentabilität)

$$\text{Kapitalumschlag (KUH)} = \frac{\text{Umsatz}}{\text{Gesamtkapital}} = \frac{300}{330} = 0{,}9091$$

ROI = 36,7 % · 0,9091 = 33,36 %

Worin besteht der Zweck des ROI?

Die Eigen- oder Gesamtkapitalrendite wird durch den Umsatz erweitert. Durch die beiden Faktoren USR und KUH bestehen Hebel, um eine ROI-Steigerung zu beeinflussen. Man kann die USR in die Komponenten Gewinn (Erträge – Aufwendungen) sowie Umsatz (Preis · Menge) unterteilen. Wenn beispielsweise die Personalkosten gesenkt werden (bei gleichem Umsatz), dann erhöht sich der Gewinn und somit der ROI.

Eine weitere Möglichkeit zur Steigerung des ROI liegt in der KUH. Wenn der Kapitaleinsatz bei gleichem Umsatz reduziert wird, dann erhöht sich der KUH. Der KUH gibt als Faktor an, wie häufig das Kapital durch den Umsatz zurückfloss. Ein KUH von 0,9091 zeigt, dass ein Kapitalanteil durch 0,9091 Umsatzanteile zurückfloss.

MERKE

► Die Eigenkapitalrentabilität stellt die relative Verzinsung des eingesetzten Eigenkapitals dar. Eine Bewertung kann über einen Betriebs- und Zeitvergleich sowie über alternative Anlagemöglichkeiten (z. B. Festgeld) erfolgen.

► Die Gesamtkapitalrendite kann über einen Betriebs- und Zeitvergleich sowie anhand des Fremdkapitalzinssatzes bewertet werden.

► Leverageeffekt: Wenn die Gesamtkapitalrentabilität größer ist als der Fremdkapitalzinssatz, dann steigt die Eigenkapitalrentabilität durch den Einsatz von zusätzlichem Fremdkapital.

► Die Umsatzrentabilität kann mit einem Betriebs- und Zeitvergleich bewertet werden.

► Der Return on Investment (ROI) zeigt mit den Faktoren „Umsatzrendite" und „Kapitalumschlagshäufigkeit" Möglichkeiten auf, die Rentabilität des Unternehmens zu steigern.

5. Planungsrechnung

5.1 Inhalt der Planungsrechnung

Planen bedeutet: *„Geistige Vorwegnahme zukünftigen Handelns"*. Die Planungsrechnung nutzt die Daten der Buchführung, der Kosten- und Leistungsrechnung sowie der Statistik für die Planung z. B. von Investitionen, zusätzlichem Personal oder von Kreditaufnahmen.

▶ Im Rahmen der Betriebserweiterung soll zusätzliches Personal eingestellt werden. Es kann ein Personalplan hierzu erstellt werden. Die Personalkosten stammen aus der Gewinn- und Verlustrechnung. Es erfolgt eine Hochrechnung der Personalkosten für das zusätzliche Personal.

▶ Aus dem Investitionsplan sind die zusätzlichen Maschinen für die Betriebserweiterung ersichtlich. Diese Größen sind für den Finanzplan wesentlich.

▶ Aus den Umsatzerlösen der letzten Jahre kann eine Umsatzprognose im Rahmen eines Absatzplans erstellt werden.

▶ Die Entscheidung steht an, ob die Finanzierung aus dem Eigenkapital erfolgt oder ob ein Kredit für die Betriebserweiterung beansprucht wird. Für eine Betriebserweiterung sind die Gewinne der letzten Jahre maßgeblich. Diese Daten können der Buchführung sowie dem Zeitvergleich entnommen werden.

Durch die Planungsrechnung werden Sollgrößen ermittelt, die auf **Schätzungen** des Datenmaterials des Rechnungswesens für die Zukunft basieren.

Schätzverfahren (Auswahl)

▶ **Delphi-Methode**: Experten sollen anhand eines Fragebogens beispielsweise den zukünftigen Personalbedarf für ein neues Werk schätzen. Wenn mehrere Experten befragt werden, kann das arithmetische Mittel aus den Antworten der Experten zum zukünftigen Personalbedarf berechnet werden. Da es vermutlich Abweichungen vom Mittelwert gibt, können in einer Expertentagung die Abweichungen sowie die Annahmen für die Schätzungen diskutiert werden.

▶ Mit **Kennzahlen**, z. B. Arbeitsproduktivität (= Umsatz/Beschäftigte), kann der zusätzliche Umsatz geschätzt werden, wenn ein Beschäftigter mehr eingestellt wird.

▶ Mit dynamischen Investitionsrechenverfahren kann aus zukünftigen Einzahlungen (Umsatzerlöse) und Auszahlungen (z. B. Anschaffungskosten, Löhne, Gehälter, Instandhaltungskosten) die **Wirtschaftlichkeit** der Investition ermittelt werden.

▶ Eine **Trendanalyse** („Regressionsanalyse") kann für die Hochrechnung der Umsätze oder z. B. der Personalkosten eingesetzt werden.

Die Planung stellt eine wichtige Funktion im Rahmen des Controllings dar, weil die Soll-Größen mit den Ist-Werten verglichen werden. Aus den **Soll-Ist-Abweichungen** werden Maßnahmen, z. B. zur Kostensenkung, abgeleitet.

5.2 Zeitliche Ausgestaltung

Die zeitliche Planung kann in

▶ strategische Planung,

▶ taktische Planung und

▶ operative Planung

gegliedert werden.

Arten	Zeitraum	Beispiele
strategische Planungsrechnung	größer 4 - 5 Jahre (langfristig)	**neue** Investitionsvorhaben, z. B. Gebäude, Fertigungsstraßen, Kauf von anderen Unternehmen **Instrument**: Investitionsrechenverfahren Die Daten können der Buchführung entnommen werden, um die Absatzplanung (Umsatztrend) sowie die Ausgaben (z. B. Personalkosten) prognostizieren zu können. **Ersatzinvestitionen**: Die kalkulatorische Abschreibung der Kosten- und Leistungsrechnung soll durch die Ansammlung der Abschreibungsbeträge ausreichen, die Ersatzinvestition in z. B. fünf oder zehn Jahr zu finanzieren. Neben den Anschaffungskosten als Ausgangsposition, die in der Buchführung dokumentiert sind, werden zukünftige Preisentwicklungen des wiederzubeschaffenden Anlagegutes beobachtet.
taktische Planungsrechnung	zwischen einem Jahr und 4 - 5 Jahren (mittelfristig)	Aufbau eines Lagerbestandes, um Störungen der Lieferketten zu begegnen **Instrument**: Beschaffungsplanung, Lagerkennzahlen Es werden die Anschaffungskosten der Roh-, Hilfs- und Betriebsstoffe sowie die Verbräuche und Lagerbestandsdaten der Buchführung sowie der Kosten- und Leistungsrechnung verwendet. Die Kennzahlenbildung erfolgt über die Statistik. Aus diesen Daten und Informationen können Planungen für die Beschaffung sowie für den mittelfristigen Aufbau des Lagers entwickelt werden.
operative Planungsrechnung	kleiner ein Jahr (kurzfristig)	jährliche Liquiditätsplanung **Instrument**: Finanzplan Mit dem Finanzplan werden die zukünftigen Einnahmen und Ausgaben prognostiziert. Die Datengrundlage stellt die Buchführung dar.

Die kurz-, mittel- und langfristigen Teilpläne sind miteinander vernetzt. Der Controller oder Planer sollte sich mit dem **vernetzten Denken** (Systemtheorie) und mit Rückkoppelungen (Feedback) beschäftigen.

MERKE

IM ÜBERBLICK

► Die Daten und Informationen aus der Buchführung, Kosten- und Leistungsrechnung sowie der Statistik werden genutzt, um Planungen durchzuführen.

► Die Planung kann sich z. B. auf die Entwicklung der Beschaffungskosten, Personalkosten oder Umsätze beziehen.

► Für die Vorhersagen der möglichen zukünftigen Werte können Schätzmethoden, wie z. B. die Delphi-Methode, Kennzahlen, Trendanalyse, Wirtschaftlichkeitsberechnung mit dynamischen Investitionsverfahren, genutzt werden.

► Die Planungen können langfristig (strategisch), mittelfristig (taktisch) oder kurzfristig (operativ) sein.

► Die Teilpläne sind miteinander vernetzt.

6. Prüfungstipps

Prüfungen sind außergewöhnliche Ereignisse und sollten fundiert vorbereitet sein. Nachfolgend werden verschiedene Tipps vorgestellt:

vor der Prüfung	▶ nach dem DIHK-Rahmenplan lernen ▶ Exzerpte anfertigen (Stichpunkte oder Zusammenhänge aus Büchern, Skripten usw. zusammenfassen; verdichten den Stoff, weil keine Person sich alles merken kann) ▶ Lernstoff häufig wiederholen: vorsagen, schreiben oder sich abfragen lassen ▶ Arbeitsgruppe bilden: gegenseitiger Austausch hilfreich, um Fragen oder Probleme (gemeinsam) zu lösen; auch gegenseitige Motivation impulsiert; man ist nicht allein ▶ die DIHK-Prüfungen der letzten Jahre zur Übung verwenden ▶ zugelassene Hilfsmittelliste bei der zuständigen IHK besorgen ▶ bei Prüfungsangst: Entspannungstechniken anwenden; bei extremer Prüfungsangst einen Arzt, Therapeuten oder Coach hinzuziehen ▶ sich einen Zettel ca. 10 Tage vor der Prüfung anfertigen und den folgenden Satz drei Mal am Tag laut vorsprechen: *„Ich bestehe die IHK-Prüfung am Tag XXXX"* ▶ Anreise zum Prüfungsort planen (Pufferzeit, Parkplatz usw.) sowie Verpflegung für Prüfungstag vorbereiten
die ersten Prüfungsminuten	▶ motivieren Sie sich mit der inneren Stimme: *„Ich schaffe die Prüfung."* ▶ Nachdem die Prüfungsaufgaben ausgeteilt wurden, verschaffen Sie sich erst einen Überblick. Beginnen Sie nicht sofort, sondern entwickeln Sie eine Strategie, mit welcher Aufgabe Sie zuerst beginnen. ▶ Sie starten mit der Aufgabe, die Sie am besten lösen können und gestalten eine Rangfolge, der zu bearbeitenden Aufgaben. ▶ Die Aufgabe, die Sie am schlechtesten lösen können, heben Sie sich für den Schluss auf und dann kämpfen Sie. ▶ Markieren Sie sich die Schlüsselbegriffe in den Aufgaben und versuchen Sie die Aufgabe vollständig zu erfassen. ▶ Zeiteinteilung: Wenn z. B. 90 Minuten Prüfungszeit gegeben ist und fünf Aufgaben vorhanden sind, dann ergibt sich eine durchschnittliche Bearbeitungszeit von 18 Minuten pro Aufgabe. Sie sollten eine Pufferzeit von ca. 2 - 3 Minuten pro Aufgabe einplanen, so dass Sie vor der Abgabe der Klausur noch ca. 10 Minuten haben, um die Klausur durchzusehen, ob alle Aufgaben bearbeitet wurden und den Text nochmals prüfen.

Kernphase der Bearbeitung	▶ Beachtung der Formalien: Nummerieren Sie jede Aufgabe
	▶ Beachten Sie die Vorgaben der IHK, dass nur die ersten gefragten Argumente bewertet werden.
	▶ Vermeiden Sie Wiederholungen, da die Prüfer bei der Korrektur dies bemerken.
	▶ Die Art der Fragestellung ist wesentlich:
	  - **Nennen**: Nur Aufzählung erstellen und keine längeren Zusammenhänge abbilden
	  - **Beschreiben**: Im Gegensatz zum Nennen werden hier ganze zusammenhängende Sätze erwartet. Jedoch müssen keine Begründungen oder Erläuterungen gegeben werden.
	  - **Erläutern oder erklären**: Bei derartigen Fragestellungen werden explizit Begründungen, Zusammenhänge, Gemeinsamkeiten, Unterschiede, Vor- und Nachteile, eigene Stellungnahme, Auswertungen und Schlussfolgerungen verlangt.
	  - **Entwickeln, erarbeiten, erstellen**: Bei dieser Art der Aufgabenstellung werden höhere Ansprüche an den Prüfungskandidaten gestellt. Hierbei müssen keine Sachverhalte oder Wissen wiedergegeben werden, sondern ein eigener Ansatz sollte aufgestellt werden. Der Zweck derartiger Aufgaben besteht darin, zu prüfen, ob die Zusammenhänge verstanden oder Wissen angewendet werden kann.

Schlussphase in der Prüfung	▶ Prüfen Sie, ob alle Aufgaben beantwortet wurden. ▶ Prüfen Sie, ob die Aufgaben nummeriert sind. ▶ Geben Sie nicht vorzeitig ab. Nutzen Sie jede Minute und kämpfen Sie bis zum Schluss.
nach der Prüfung	▶ Austausch mit den anderen Prüfungsteilnehmern: Vermutlich haben die Prüfungskollegen andere Lösungen. Bleiben Sie stabil und lassen Sie sich nicht „wirr" machen. ▶ Lösen Sie sich Schritt für Schritt von der Prüfung. Evtl. träumen Sie in der Nacht oder die Nächte nach der Prüfung von den Aufgaben und entwickeln evtl. Ängste. Versuchen Sie, durch Entspannungsübungen, Sport, Ablenkungen (Musik), Arbeit usw. sich mit anderen Gedanken wieder vertraut zu machen. – Akzeptieren Sie, dass Sie Ihre Antworten nicht mehr ändern können.

Bewertung der Aufgaben:

Nachfolgend werden Beispiele einer Bewertung von Prüfungsaufgaben dargelegt.

Die Aufgabe lautet: Erläutern Sie den Begriff „Geschäftsfall".

Mögliche Antworten des Prüfungskandidaten	Bewertung
„Ein Geschäftsfall ist, was im Unternehmen alles passiert".	Diese Antwort ist zu allgemein. Es könnte kein Punkt vergeben werden. Die richtige Antwort wäre: Geschäftsfälle führen zur Veränderung von Vermögen und Schulden, zu Aufwendungen und Erträgen sowie zu Ein- und Auszahlungen. Wesentlich für die Bepunktung ist die Verwendung von Fachbegriffen.

Die Aufgabe lautet: Erläutern Sie den Begriff „Rechenschaftslegung" als eine Aufgabe des Rechnungswesens.

Mögliche Antworten des Prüfungskandidaten	Bewertung
„Der Betrieb muss Rechenschaft gegenüber vielen Institutionen ablegen".	Die Antwort ist unzureichend. Es könnte kein Punkt vergeben werden. Die Rechenschaftslegung bezieht sich insbesondere auf das Unternehmen und nicht auf den Betrieb. Dieser Unterschied ist wichtig. Interessenten am Jahresabschluss (Bilanz, GuV) wären z. B.: Geschäftsleitung (erzielt das Unternehmen die gewünschte Mindestrentabilität), Geschäftsbanken (kann der Kapitaldienst zurückgezahlt werden?) usw. Bei derartigen Aufgaben müssten als Lösung konkrete Argumente mit Fachbegriffen dargelegt werden.

7. Last and Quick Check

Aufgaben

Nachfolgend werden *ausgewählte* Aufgaben aus dem DIHK-Rahmenplan zum „Geprüften Wirtschaftsfachwirt/Geprüfte Wirtschaftsfachwirtin IHK" im Fach „Rechnungswesen" vorgestellt. Für den Leser bietet dieser letzte (last) und schnelle (quick) Test eine Möglichkeit, sein Können und sein Wissen im Rechnungswesen *exemplarisch* zu überprüfen.

Aufgabe 1

Erläutern Sie zwei Unterschiede zwischen der Finanzbuchführung sowie der Kosten- und Leistungsrechnung.

Lösung s. Seite 93

Aufgabe 2

Erläutern Sie die Kontrollaufgabe der Finanzbuchführung.

Lösung s. Seite 93

Aufgabe 3

Erklären Sie, warum das Verrechnungsverbot von Vermögen mit Schulden sowie von Aufwendungen und Erträgen wesentlich ist.

Lösung s. Seite 93

Aufgabe 4

Erläutern Sie zwei Gruppen, warum sie Interesse an der Finanzbuchführung haben.

Lösung s. Seite 93

Aufgabe 5

Erläutern Sie den Unterschied zwischen Grund- und Hauptbuch in der Finanzbuchführung.

Lösung s. Seite 93

Aufgabe 6

Erläutern Sie zwei Aufgaben der Finanzbuchführung.

Lösung s. Seite 93

Aufgabe 7

Erläutern Sie, wie sich Inventur, Inventar und Bilanz unterscheiden.

Lösung s. Seite 94

Aufgabe 8

Ein Unternehmer kauft eine Maschine (Anschaffungskosten 100.000 €) und bezahlt in 30 Tagen. Bilden Sie den Buchungssatz.

Lösung s. Seite 94

Aufgabe 9

In einem Unternehmen werden zum Monatsende die Gehälter in Höhe von 500.000 € überwiesen. Bilden Sie den Buchungssatz.

Lösung s. Seite 94

Aufgabe 10

Erläutern Sie zwei Aufgaben der bilanziellen Abschreibung.

Lösung s. Seite 94

Aufgabe 11

Erklären Sie den Unterschied zwischen der linearen und degressiven Abschreibung.

Lösung s. Seite 94

Aufgabe 12

Welche Vermögensgegenstände können außerplanmäßig abgeschrieben werden?

Lösung s. Seite 94

Aufgabe 13

Erklären Sie den Unterschied zwischen dem Gesamt- und dem Umsatzkostenverfahren.

Lösung s. Seite 95

Aufgabe 14

Aus welchen Bestandteilen besteht der Jahresabschluss für Einzelkaufleute und Personengesellschaften?

Lösung s. Seite 95

Aufgabe 15

Erläutern Sie die drei Begriffe Realisationsprinzip, Imparitätsprinzip und Vorsichtsprinzip.

Lösung s. Seite 95

Aufgabe 16

Ein Unternehmen weist folgende Daten bei der Anschaffung eines Automaten auf:

Anschaffungspreis 80.000 € netto, Rabatt vom Lieferanten 10 %, Transportkosten 500 €, Verkabelung 300 €. Der Lieferant gewährt 2 % Skonto auf die 80.000 €.

Berechnen Sie die Anschaffungskosten nach HGB.

Lösung s. Seite 95

Aufgabe 17

Für einen Rohstoff wird zum 31.12. ein Inventurwert von 500 Stück dokumentiert. Die durchschnittlichen Anschaffungskosten betragen 60 € pro Stück. Am 31.12. wird für den Rohstoff ein Tageswert von 70 € pro Stück festgestellt. Welcher Wert wird in der Bilanz angesetzt?

Lösung s. Seite 95

Aufgabe 18

Erläutern Sie den Unterschied zwischen Aufwendungen und Kosten.

Lösung s. Seite 95

Aufgabe 19

Welche drei Arten von neutralen Aufwendungen gibt es?

Lösung s. Seite 96

Aufgabe 20

Nennen Sie drei Aufgaben der Kosten- und Leistungsrechnung

Lösung s. Seite 96

Aufgabe 21

In einem Industrieunternehmen liegen folgende Daten in T€ vor:

Umsatzerlöse 500, Gehälter 200, Aufwendungen für RHB 100, Verluste aus Wertpapierverkäufen 20

a) Ermitteln Sie den Gewinn, das neutrale Ergebnis sowie das Betriebsergebnis.

b) Berechnen Sie die Wirtschaftlichkeit.

Lösung s. Seite 96

Aufgabe 22

Erläutern Sie den Unterschied zwischen Anders- und Zusatzkosten mit je einem Beispiel.

Lösung s. Seite 96

Aufgabe 23

Erläutern Sie den Unterschied zwischen variablen und fixen Kosten.

Lösung s. Seite 97

Aufgabe 24

Erklären Sie, was eine Kostenstelle ist.

Lösung s. Seite 97

Aufgabe 25

Welchen Nachteil weist das Anbauverfahren im Rahmen der Kostenstellenrechnung auf?

Lösung s. Seite 97

Aufgabe 26

Nennen Sie den Unterschied zwischen Ist-Kosten, Normalkosten und Plankosten.

Lösung s. Seite 97

Aufgabe 27

Der Barverkaufspreis eines Produkts beträgt 150 €. Wie hoch ist der Zielverkaufspreis, wenn das Kundenskonto 3 % betragen soll.

Lösung s. Seite 97

Aufgabe 28

In einem Unternehmen liegen für eine Maschinenstundensatzrechnung folgende Daten vor:

Maschinenlaufzeit pro Jahr: 1.800 Stunden

Variable Kosten pro Maschinenstunde 40 €/Std.

Fixe Kosten pro Maschinenstunde 100 €/Std.

Wie ändert sich der Maschinenstundensatz, wenn die Maschinenlaufzeit auf 1.000 Stunden pro Jahr aufgrund eines Absatzrückgangs reduziert werden muss.

Lösung s. Seite 97

Aufgabe 29

In einem Unternehmen betragen die variablen Kosten für ein Produkt 50 € pro Stück.

a) Wie hoch ist der Deckungsbeitrag, wenn ein Stückverkaufspreis von 70 € pro Stück angenommen wird.

b) Bestimmen Sie die kurzfristige Preisuntergrenze.

Lösung s. Seite 97

Aufgabe 30

Erläutern Sie zwei Nachteile des Betriebsvergleichs.

Lösung s. Seite 98

Lösungen

Lösung Aufgabe 1

Die Finanzbuchführung bezieht sich auf das Unternehmen. Ein Unternehmen stellt eine wirtschaftlich-rechtliche Einheit dar. Die Kosten- und Leistungsrechnung ist betriebsbezogen. Ein Betrieb ist eine technisch-organisatorische Einheit.

Die Finanzbuchführung ermittelt den Erfolg durch die Gewinn- und Verlustrechnung, während die Kosten- und Leistungsrechnung das Betriebsergebnis aufzeigt. Das Betriebsergebnis stellt das Ergebnis der „eigentlichen betrieblichen Tätigkeit" dar, welche „sachzielorientiert" ist. Neutrale Aufwendungen und neutrale Erträge der Gewinn- und Verlustrechnung werden durch die Abgrenzungsrechnung eliminiert, um die Kosten und Leistungen zu erhalten.

Lösung Aufgabe 2

Die Finanzbuchführung stellt mit den Daten und den daraus abgeleiteten Kennzahlen die Möglichkeit eines Soll-Ist-Vergleichs bereit. Der erwartete Gewinn (Soll) kann mit dem tatsächlichen Gewinn (Ist) verglichen werden. Bei Abweichungen werden Analysen betrieben, warum z. B. der Gewinn niedriger als erwartet ausfiel. Es können Kontrollen der Aufwendungen eingeleitet werden. Sind die Löhne und Gehälter im letzten Geschäftsjahr stärker angestiegen als die Umsätze? Wurden vermehrt Investitionen getätigt, die Abschreibungen mit dem Effekt der Gewinnminderung bewirkten?

Lösung Aufgabe 3

Die Transparenz der Buchungen soll sicherstellen, dass keine Verrechnungen von Vermögen und Schulden sowie von Aufwendungen und Erträgen vorgenommen werden. Es soll eindeutig erkennbar sein, dass z. B. Forderungen a. LL und Verbindlichkeiten a. LL bestehen. Nur so können das Mahnwesen überwacht und Verschleierungen in der Buchführung vermieden werden.

Lösung Aufgabe 4

Stakeholder (Interessensgruppen) können Interesse an der Finanzbuchführung haben.

▶ Das Finanzamt hat Interesse am Erfolg des Unternehmens wegen der Besteuerung.

▶ Die Gesellschafter eines Unternehmens haben Interesse am Erfolg, weil damit die Eigenkapitalrentabilität ermittelt werden kann.

Lösung Aufgabe 5

Im Grundbuch werden die Geschäftsfälle zeitlich (chronologisch) geordnet, während im Hauptbuch die sachliche Ordnung über einen Kontenrahmen stattfindet.

Lösung Aufgabe 6

▶ Die Veränderungen von Vermögen und Schulden, die Ein- und Auszahlungen sowie die Aufwendungen und Erträge müssen lückenlos dokumentiert werden.

▶ Die Daten der Finanzbuchhaltung, insbesondere die Aufwendungen, werden für die Kalkulation der Produkte verwendet.

Lösung Aufgabe 7

► Inventur stellt die Bestandsaufnahme von Vermögen und Schulden dar.

► Inventar ist das Bestandsverzeichnis von Vermögen und Schulden. Die Differenz von Vermögen und Schulden ergibt das Reinvermögen (Eigenkapital). Das Inventar ist eine **ausführliche** Darstellung des Vermögens und der Schulden nach Art, Menge und Wert.

Das Inventar wird in **Staffelform** dargestellt.

► Die Bilanz ist eine kurzgefasste **wertmäßige** Gegenüberstellung von Vermögen und Schulden. Sie wird in Kontenform dargelegt.

Lösung Aufgabe 8

Buchungssatz:

Maschine an Verbindlichkeiten aus LL   100.000 €

Lösung Aufgabe 9

Buchungssatz:

Gehälter an Bank   500.000 €

Lösung Aufgabe 10

► Die bilanzielle Abschreibung dokumentiert den Werteverzehr des Anlagevermögens, der durch die Nutzung (z. B. Maschinenstunden) oder durch äußere Einflüsse (Hochwasser) zustande kommt.

► Die bilanzielle Abschreibung mindert als Aufwand in der Gewinn- und Verlustrechnung den Gewinn. Somit ist weniger Einkommensteuer zu bezahlen.

Lösung Aufgabe 11

Lineare Abschreibung:

Der **konstante** Abschreibungsbetrag wird von den Anschaffungskosten unter Berücksichtigung der steuerlichen Nutzungsdauer (Anschaffungskosten/steuerliche Nutzungsdauer) berechnet und im ersten Jahr von den Anschaffungskosten abgezogen. Ab dem zweiten Geschäftsjahr werden die Buchwerte des jeweiligen Geschäftsjahres durch die **konstanten** Abschreibungsbeträge reduziert. Nach Ende der steuerlichen Nutzungsdauer resultiert der Wert 0. Bei weiterer Nutzung des Vermögensgegenstands kann ein Erinnerungswert von 1 € angesetzt werden.

Degressive Abschreibung:

Der ermittelte Abschreibungsbetrag (z. B. ein Prozentsatz in Höhe von 25 %) wird von den Anschaffungskosten im ersten Jahr abgezogen und in den nachfolgenden Jahren wird der 25 %ige Abschreibungssatz vom Buchwert des jeweiligen Geschäftsjahres berechnet. Somit liegen **fallende (degressive)** Abschreibungsbeträge vor. Ein Wert von 0 wird nicht erreicht.

Lösung Aufgabe 12

► Abnutzbare Anlagegegenstände (z. B. Maschinen) können zusätzlich zu einer „dauerhaften Wertminderung", z. B. bei Brand, technischer Fortschritt, außerplanmäßig abgeschrieben werden.

► Nicht abnutzbare Anlagegegenstände (z. B. Grundstücke) können nur außerplanmäßig abgeschrieben werden.

► Finanzanlagen können bei voraussichtlicher „nicht dauernder" Wertminderung außerplanmäßig abgeschrieben werden.

Lösung Aufgabe 13

▶ Gesamtkostenverfahren: Alle Aufwendungen werden den Umsatzerlösen, Bestandsveränderungen und sonstigen Erträgen gegenübergestellt.

▶ Umsatzkostenverfahren: Von den Umsatzerlösen werden nur die für den Umsatz angefallenen „Umsatzkosten" abgezogen.

Lösung Aufgabe 14

Der Jahresabschluss besteht aus der Bilanz sowie der Gewinn- und Verlustrechnung.

Lösung Aufgabe 15

▶ **Realisationsprinzip:**

„Gewinne sind nur dann zu berücksichtigen, wenn sie am Abschlussstichtag realisiert sind".

▶ **Imparitätsprinzip:**

Während Gewinne bei der Aufstellung des Jahresabschlusses erst ausgewiesen werden, wenn ein Gewinn eintritt, müssen **Verluste bereits vor dem Eintritt** dokumentiert werden. **„Imparität" bedeutet „Ungleichheit".** Die Gewinne werden anders als die Verluste behandelt. Das Imparitätsprinzip wird handelsrechtlich über das

– Niederstwertprinzip und das

– Höchstwertprinzip

ausgeprägt.

▶ **Vorsichtsprinzip:**

Ein Kaufmann stellt sich nach dem Vorsichtsprinzip schlechter als die Lage des Unternehmens ist. Damit erzeugt er einen „Puffer".

Lösung Aufgabe 16

Anschaffungspreis	80.000 €
- 10 % Rabatt	8.000 €
+ Anschaffungsnebenkosten	500 €
+ Aufwendungen „betriebsbereiter Zustand"	300 €
- 2 % Skonto auf 80.000 €	1.600 €
Anschaffungskosten	**71.200 €**

Lösung Aufgabe 17

Beim Umlaufvermögen ist das „strenge Niederstwertprinzip" anzuwenden.

Bilanzansatz zum 31.12.:

60 €/Stück · 500 Stück = 30.000 €

Lösung Aufgabe 18

Aufwendungen stellen einen Werteverzehr dar, der das Eigenkapital mindert.

Kosten sind „betriebsbedingte" Aufwendungen, die „sachzielorientiert" sind.

Lösung Aufgabe 19

► außerordentlicher Aufwand, z. B. Schadensfall (Sturm, Brand usw.)

► betriebsfremder Aufwand: Verluste aus Finanzanlagen, die nicht zum Kerngeschäft zählen

► periodenfremder Aufwand: Steuernachzahlungen, nachträgliche Zahlungen aus Tarifverträgen

Lösung Aufgabe 20

Die Aufgaben der Kosten- und Leistungsrechnung können sein:

► Berechnung der Wirtschaftlichkeit (Leistung/Kosten)

► Berechnung des Angebotspreises

► Durchführung von Soll-Ist-Vergleichen.

Lösung Aufgabe 21

a)

	Rechnungskreis I Finanzbuchführung		Rechnungskreis II Kosten- und Leistungsrechnung			
	Ergebnisrechnung (GuV)		Abgrenzungsrechnung		Betriebsergebnisrechnung	
	Aufwand	Ertrag	Neutraler Aufwand	Neutraler Ertrag	Kosten	Leistungen
Umsatzerlöse		500				500
Gehälter	200				200	
Aufwendungen für RHB	100				100	
Verluste WP-Verkäufe	20		20			
	Gewinn 180			Neutraler Verlust 20	Betriebsergebnis 200	
	500	500	20	20	500	500

Rechnungskreis I: Gewinn = 180

Rechnungskreis II: Neutraler Verlust -20 + Betriebsergebnis 200 = 180

RK I = RK II

180 = 180

b)

$$\text{Wirtschaftlichkeit} = \frac{\text{Leistung}}{\text{Kosten}} = \frac{500}{300} = 1{,}67$$

Der Betrieb ist wirtschaftlich, da der Koeffizient größer als 1 ist.

Lösung Aufgabe 22

Anderskosten: In der Kosten- und Leistungsrechnung werden andere Kosten als in der Finanzbuchführung dokumentiert. Beispiel: Kalkulatorische Abschreibung

Zusatzkosten: In der Finanzbuchführung erfolgte keine Dokumentation, z. B. Gehalt eines Einzelunternehmers, da dieser für die private Lebensführung eine Privatentnahme tätigt. In der Kosten- und Leistungsrechnung wird ein kalkulatorischer Unternehmerlohn eingetragen, der sich nach einer vergleichbaren Position in der Branche und nach der Betriebsgröße orientiert.

Lösung Aufgabe 23

Variable Kosten sind **abhängig** von der Beschäftigung (produzierte Menge).

Fixe Kosten sind **unabhängig** von der Beschäftigung.

Lösung Aufgabe 24

Eine Kostenstelle ist der Ort, an dem Produktionsfaktoren und Güter verbraucht werden.

Lösung Aufgabe 25

Das Anbauverfahren berücksichtigt nicht die Verrechnung der sekundären Gemeinkosten zwischen den Vorkostenstellen. Damit werden die Gemeinkosten direkt von den Vorkostenstellen auf die Endkostenstellen (Hauptkostenstellen) umgelegt.

Lösung Aufgabe 26

► Ist-Kosten: tatsächliche Kosten der Abrechnungsperiode (Gegenwart)

► Normalkosten: durchschnittliche Kosten einer definierten Abrechnungsperiode

► Plankosten: zukünftige Kosten

Lösung Aufgabe 27

Barverkaufspreis	150,00 €	97 Teile
+ Kundenskonto 3 %	4.64 €	3 Teile
= Zielverkaufspreis	154,64 €	100 Teile

Lösung Aufgabe 28

Der Maschinenstundensatz bei 1.800 Stunden pro Jahr beträgt
40 €/Std. plus 100 €/Std. = 140 €/Std.

Die variablen Kosten pro Maschinenstunde bleiben trotz veränderter Maschinenlaufzeit gleich.

Fixe Kosten pro Maschinenstunde:

100 €/Std · 1.800 Stunden = 180.000 €

Jetzt: nur noch 1.000 Maschinenstunden

$$\frac{180.000 \,€}{1.000 \text{ Std.}} = 180 \,€/\text{Std.}$$

Neuer Maschinenstundensatz bei 1.000 €/Std.:

Variable Kosten pro Maschinenstunde = 40 €/Std.

Fixe Kosten pro Maschinenstunde = 180 €/Std.

Neuer Maschinenstundensatz = 220 €/Std.

Durch die Reduktion der Maschinenstunden von 1.800 Std. auf 1.000 Std. steigt der Maschinenstundensatz von 140 €/Std auf 220 €/Std.

Lösung Aufgabe 29

a) Stückdeckungsbeitrag = Stückpreis - variable Stückkosten = 70 € - 50 € = 20 €

b) Kurzfristige Preisuntergrenze: Stückpreis = variable Stückkosten = 50 €

   Der Preis pro Stück darf maximal auf 50 € pro Stück fallen. Dies kann kurzfristig akzeptiert werden, jedoch nicht langfristig, da die fixen Kosten mit diesem Preis nicht gedeckt werden können.

Lösung Aufgabe 30

► Die Produkte des eigenen Unternehmens sind mit den Produkten der Unternehmen des Betriebsvergleichs evtl. nur schwer zu vergleichen.

► Der Betriebsvergleich wurde in einer Region mit geringen Preisen einer bestimmten Branche erstellt. Das Unternehmen hat seinen Absatzmarkt jedoch in einer Hochpreisregion.

GLOSSAR

Abgaben

Zu den Abgaben zählen Steuern, Zölle, Gebühren, Beiträge, Sozialabgaben (Rentenversicherung, Krankenversicherung, Arbeitslosenversicherung, Pflegeversicherung sowie Unfallversicherung), Solidaritätszuschlag und z. B. Ausgleichsabgabe nach dem Schwerbehindertengesetz.[1]

Abschreibung

Der Werteverzehr, z. B. durch den Gebrauch einer Maschine, wird durch die Abschreibung erfasst. Die bilanzielle Abschreibung ist abhängig von den Anschaffungskosten gemäß § 255 Abs. 1 HGB und der steuerlichen Nutzungsdauer (AfA-Tabellen, Bundesfinanzministerium). Mit der bilanziellen Abschreibung werden der Gewinn und die Belastung durch Steuern gemindert. Die bilanzielle ist von der kalkulatorischen Abschreibung zu unterscheiden. Die kalkulatorische Abschreibung wird durch den Wiederbeschaffungswert sowie die tatsächliche Nutzungsdauer bestimmt. Sie dient der Substanzerhaltung des Vermögens sowie zur Finanzierung für Ersatzbeschaffung.

Es gibt verschiedene Arten von Abschreibungen: z. B. lineare und degressive Abschreibung, leistungsorientierte Abschreibung sowie planmäßige und außerplanmäßige Abschreibungen.

Anderskosten

Es werden „andere" Kosten im Rechnungskreis II (Kosten- und Leistungsrechnung) dargelegt als in Rechnungskreis I (Gewinn- und Verlustrechnung). Beispielsweise wird in der Gewinn- und Verlustrechnung die bilanzielle Abschreibung dokumentiert, während in Rechnungskreis II die kalkulatorische Abschreibung angesetzt wird. Die kalkulatorische Abschreibung sind die Anderskosten, weil andere Kosten dann in der Kalkulation als in der GuV verwendet werden.

Ausgabe

Wenn sich das Geldvermögen vermindert, dann liegen Ausgaben vor. Beispiel: Kauf von Rohstoffen auf Ziel; das Geldvermögen sinkt, da die Abzugsgröße „kurzfristige Verbindlichkeiten" steigt.

Auszahlung

Das Geldvermögen sinkt, wenn der Zahlungsmittelbestand sich durch Auszahlung reduziert. Beispiel: Barkauf von Betriebsstoffen

Beschäftigung

In der Betriebswirtschaftslehre versteht man unter Beschäftigung die Ausbringungs- oder Produktionsmenge.

Bestandskonten

Die Bestände der Aktiv- und Passivkonten der Bilanz werden durch Inventur ermittelt. Bestandskonten sind von Erfolgskonten zu unterscheiden.

Betrieb

Ein Betrieb stellt eine technisch-organisatorische Einheit dar.

Betriebsvergleich

Unternehmen können die Daten sowie Kennzahlen der Bilanz sowie der Gewinn- und Verlustrechnungen mit Durchschnittswerten ihrer Branche und Unternehmensgröße vergleichen. Betriebsvergleiche werden z. B. von Banken, Kammern, Verbänden usw. zur Verfügung gestellt.

Bilanz

Kurzgefasste Gegenüberstellung von Vermögen und Schulden

---

1 Vgl. Stobbe, T., 2019 (Hauptbuch), S. 27.

Bilanzgleichung

Anlagevermögen + Umlaufvermögen = Eigenkapital + Fremdkapital

Controlling

To control bedeutet „steuern". Die Aufgaben des Controllings bestehen aus der Planung, Kontrolle, Information und dem Steuern.

Deckungsbeitrag

Der Deckungsbeitrag soll ausreichen, um die fixen Kosten zu decken.

DB = Umsatz – variable Kosten

db = Stückpreis – variable Stückkosten

Disagio

Das Abgeld wird als Disagio oder auch Damnum bezeichnet. Bei einem Darlehen werden von der Bank häufig nicht 100 %, sondern lediglich 95 % ausbezahlt. Der Unterschiedsbetrag in Höhe der 5 % stellt das Disagio dar. Das Disagio ist handels- und steuerrechtlich unterschiedlich zu behandeln.

Eigenkapital

Die Summe des Vermögens abzüglich der Summe des Fremdkapitals ergibt das Eigenkapital. Das Eigenkapital kann z. B. eine Finanzierungs- und Haftungsfunktion haben.

Einnahme

Das Geldvermögen erhöht sich, z. B. durch einen Verkauf von Waren auf Ziel. Dadurch entstehen Forderungen, welche das Geldvermögen erhöhen. Auch durch einen Barverkauf steigt das Geldvermögen, da der Zahlungsmittelbestand sich erhöht. In dem Fall des Barverkaufs entspricht die Einzahlung einer Einnahme.

Einnahmen-Überschuss-Rechnung

Die Einnahmen-Überschuss-Rechnung ist eine Gewinnermittlungsmethode nach § 4 Abs. 3 EStG z. B. für Freiberufler (§ 18 EStG) oder nicht buchführungspflichtige Gewerbetreibende (§ 15 EStG). Die Einnahmen-Überschuss-Rechnung stellt keine Bestandsrechnung, sondern eine Stromrechnung dar, die sich am Zeitpunkt der Ein- und Auszahlungen orientiert. Weitere Unterschiede zu bilanzierenden Unternehmen: keine Erfassung von Vermögen und Schulden, keine Bilanzierung von Vorräten. Bei bilanzierenden Unternehmen ist die Umsatzsteuer ein „durchlaufender Posten". Bei der Einnahmen-Überschuss-Rechnung stellt die erhaltene Umsatzsteuer eine Betriebseinnahme dar.[1]

Erfolgskonten

Die Gewinn- und Verlustrechnung beinhaltet Aufwand- und Ertragskonten, welche als Erfolgskonten bezeichnet werden. Die Differenz zwischen Ertrag und Aufwand stellt den Gewinn (Erfolg) des Unternehmens dar.

Finanzierung

Auf der Passivseite der Bilanz werden Eigenkapital und Fremdkapital ausgewiesen. Die Finanzierung erfolgt durch eigene Mittel (Eigenkapital) und/oder durch fremde Mittel (Fremdfinanzierung, z. B: Darlehen, Kontokorrentkredit, Lieferantenkredit).

Fixe Kosten

Fixe Kosten sind unabhängig von der Beschäftigung, z. B. Miete. Wenn das Unternehmen kein Stück produziert, dann muss es trotzdem die Miete für die Räumlichkeiten bezahlen.

---

1 Vgl. Stobbe, T., 2019 (Hauptbuch), S. 142 - 143.

Geldvermögen

Geldvermögen[1] = Zahlungsmittelbestand + kurzfristige Forderungen - kurzfristige Verbindlichkeiten

Gemeinkosten

Gemeinkosten sind nicht direkt dem Kostenträger zurechenbar. Für die Verteilung der Gemeinkosten auf die Kostenstellen wird der Betriebsabrechnungsbogen eingesetzt.

Gewinn

Gewinn = Erträge - Aufwendungen

Der Gewinn wird in der Gewinn- und Verlustrechnung ausgewiesen.

Grundbuch

Die Geschäftsfälle werden in chronologischer (zeitlicher) Reihenfolge im Grundbuch, das auch Journal genannt wird, erfasst.

Handelsbilanz

Die Handelsbilanz wird nach den Bewertungsvorschriften §§ 252 – 256a des HGB erstellt. Die handelsrechtlichen Vorschriften dienen dem Gläubigerschutz und der Kapitalerhaltung.

Hauptbuch

Die Geschäftsfälle werden nach sachlicher Ordnung im Rahmen der Buchführung auf Sachkonten im Hauptbuch gebucht.

Höchstwertprinzip

Wenn am Bilanzstichtag für Verbindlichkeiten zwei Wertansätze möglich sind, dann wird im Rahmen des Höchstwertprinzips der höhere Wert angesetzt.

Imparitätsprinzip

Nach § 252 Abs. 1 Nr. 4 erster Halbsatz HGB) erfordert die Berücksichtigung der vorhersehbaren Risiken und Verluste bis zum Bilanzstichtag, die jedoch noch nicht realisiert sind. Es wird der Aufwand angesetzt, der den absehbaren Verlust abbildet. Somit wird der Gewinn gemindert und damit entsteht ein Gläubigerschutz. Nicht realisierte Gewinne bleiben unberücksichtigt. Daher entsteht ein Ungleichgewicht (= Imparität) zwischen der Betrachtung nicht realisierter Gewinne und Verluste. Das Imparitätsprinzip wird angewandt durch das Niederstwertprinzip und die Bildung von Rückstellung für drohende Verluste.[2]

Inventar

Das Inventar stellt ein Bestandsverzeichnis dar, in dem Vermögen, Schulden und das Eigenkapital dokumentiert werden. Im Unterschied zur Bilanz werden die einzelnen Vermögensgegenstände nach Menge, Einzel- und Gesamtwert in Staffelform ausgewiesen.

Inventur

Inventur stellt die Bestandsaufnahme von Vermögen und Schulden dar. Es gibt mehrere Inventurarten: Körperliche Inventur mit Messen, Zählen, Wiegen und Schätzen sowie die buchorientierte Inventur (für Bankguthaben, Darlehen). Für das Vorratsvermögen gibt es die Stichtagsinventur, die vor- bzw. nachverlegte Inventur sowie die permanente Inventur.

Kalkulationszinssatz

Der Kalkulationszinssatz wird durch einen Basiszinssatz sowie einen Risikoaufschlag bestimmt. Der Basiszinssatz kann bei Eigenfinanzierung die Opportunitätskosten für andere Kapitalverwendungen (z. B. Aktien, Anleihen usw.) beinhalten. Bei Fremdfinanzierung wird der Soll-Zinssatz verwendet. Bei gemischter Eigen- und Fremdfinanzierung wird das gewogene arithmetische Mittel für den Basiszinssatz berechnet. Der Risikoaufschlag kann über eine Nutzwertanalyse geschätzt werden.

---

1 Schmolke S. / Deitermann M., 2020, S. 422.
2 Vgl. Meyer C. / Theile C., 2021, S. 80 und Schmolke S. / Deitermann M., 2020, S. 300.

Kalkulatorische Abschreibung

Die kalkulatorische Abschreibung wird durch den Wiederbeschaffungswert sowie durch die tatsächliche Nutzungsdauer bestimmt. Sie dient der Substanzerhaltung des Vermögens sowie zur Finanzierung für Ersatzbeschaffung. Die kalkulatorische Abschreibung ist von der bilanziellen Abschreibung zu unterscheiden.

Konto

Ein Konto stellt die Abrechnung eines Postens der Bilanz oder der Gewinn- und Verlustrechnung dar.

Körperschaftssteuer

Die Körperschaftssteuer gilt für juristische Personen (z. B. AG, GmbH). Sie stellt eine Ertragssteuer dar.

Leerkosten

Liegt der Beschäftigungsgrad unter 100 %, z. B. bei 70 %, dann fallen trotz der geringeren Produktion die fixen Kosten für die Betriebsbereitschaft vollständig an. Die Kosten für die nicht genutzte Kapazität (30 %) sind Leerkosten.

Make

Make bedeutet „Eigenfertigung", die zu Unabhängigkeit vom Lieferanten (buy) führt. Eigenfertigung setzt z. B. freie Kapazitäten, Know-How sowie die entsprechenden finanziellen Mittel voraus.

Maßgeblichkeitsprinzip

Die Handelsbilanz ist maßgeblich für die Steuerbilanz. Die Ansätze der Handelsbilanz werden unverändert in die Steuerbilanz übernommen, wenn das Steuerrecht nicht zwingend andere Wertansätze vorschreibt.[1]

Nebenbücher

Die Sachkonten des Hauptbuches werden in den Nebenbüchern detailliert ausgeführt. Dazu gehören z. B. das Kontokorrentbuch, die Lagerbuchhaltung, die Lohn- und Gehaltsbuchhaltung sowie die Anlagenbuchhaltung.[2]

Kontokorrentbuch:
Enthält Debitorenkonten (Forderungen an die einzelnen Kunden) und Kreditorenkonten (Verbindlichkeiten gegenüber einzelnen Lieferanten).

Lagerbuchhaltung:
Erfasst Zu- und Abgänge, Anfangs- und Schlussbestände der Roh-, Hilfs- und Betriebsstoffe sowie Handelswaren, aber auch der fertigen und unfertigen Erzeugnisse.

Lohn- und Gehaltsbuchhaltung:
Für jeden Arbeitnehmer muss ein Lohn- oder Gehaltskonto geführt werden.

Anlagenbuchhaltung:
Hier werden Einzeldaten, z. B. Anschaffungskosten, Abschreibung, Nutzungsdauer usw. je Anlagegut dokumentiert, während in der Bilanz nur Sammelbeträge ausgewiesen werden.

Niederstwertprinzip

Beim Anlage- und Umlaufvermögen wird zum Bilanzstichtag der niedrigere Wert bei zwei möglichen Wertansätzen verwendet. Das führt zu einer Reduzierung des Vermögens und somit des Gewinns. Das Ziel besteht im Rahmen des Vorsichtsprinzips darin, „Puffer" für mögliche Notsituationen aufzubauen, indem sich das Unternehmen schlechter stellt als der tatsächliche Marktwert ist.

Normalkosten

Über einen definierten Zeitraum werden zu den Einzel- und Gemeinkosten Durchschnittswerte gebildet. Diese Durchschnittskosten stellen die Normalkosten dar, welche als Grundlage für die Angebotskalkulation verwendet werden können.

---

1 Vgl. Meyer C. / Theile C., 2021, S. 47 - 48.
2 Vgl. Schmolke S. / Deitermann M., 2020, S. 107.

Nutzkosten

Liegt der Beschäftigungsgrad bei 70 %, dann werden 70 % der fixen Kosten genutzt. Der Rest (30 %) der fixen Kosten stellen Leerkosten dar.

Preisuntergrenze

Kurzfristige Preisuntergrenze:

Stückpreis = variable Stückkosten

Der Stückpreis darf kurzfristig die variablen Stückkosten nicht unterschreiten. Kurzfristig kann ein Unternehmen auf einen positiven Stückdeckungsbeitrag (Stückpreis > variable Stückkosten) verzichten.

Langfristige Preisuntergrenze:

Langfristig halten Unternehmen i. d. R. Verluste nicht durch. Daher gilt für die langfristige Preisuntergrenze:

Stückpreis = variable Stückkosten + fixe Kosten pro Stück

Der Stückpreis muss die gesamten Kosten pro Stück decken. Es liegt kein Gewinn vor. Bei Einzelunternehmen z. B. erzeugt der Unternehmer sein Einkommen über den Unternehmerlohn, wenn er kalkuliert wurde.

Proportionalisierung der fixen Kosten

Die Kosten können in fixe und variable Kosten eingeteilt werden. Beispielsweise liegen 1.000 € Gesamtkosten vor (davon 30 % fixe Kosten, Rest variable Kosten). Das wären 300 € fixe Kosten und 700 € variable Kosten. Wenn eine Produktionsmenge von 10 Stück unterstellt wird, dann liegen für die variablen Stückkosten 70 € (700 €/10 Stück) vor. Die Kostenfunktion lautet:

$K(x) = 300 € + 70 x$

$K(10) = 300 € + 70 €/Stück \cdot 10 Stück = 1.000 €$

Wenn keine Differenzierung der Kosten in fixe und variable Kosten vorgenommen wird, dann werden die fixen Kosten **proportionalisiert, d. h. wie variable Kosten behandelt.** Dann würde so gerechnet werden:

$$\frac{Gesamtkosten\ 1.000 €}{10\ Stück} = 100 € \text{ Kosten pro Stück}$$

$K(x) = 100 x$

$K(x) = 100 €/Stück \cdot 10 Stück = 1.000 Stück$

Durch die Proportionalisierung der fixen Kosten entstehen höhere variable Kosten, die jedoch ungerechtfertigt sind.

Realisationsprinzip

§ 252 Abs. 1 Nr. 4 zweiter Halbsatz: „Gewinne sind nur zu berücksichtigen, wenn sie am Abschlußstichtag realisiert sind."

Beispielsweise dürfen Gewinne bei Wertpapieren erst dokumentiert werden, wenn sie mit Gewinn verkauft wurden. § 256a HGB lässt bei Fremdwährungsposten mit einer Restlaufzeit von kleiner einem Jahr eine Durchbrechung des Realisationsprinzips zu, so dass ein nicht realisierter Währungsgewinn bilanziert wird.[1]

Rechnungskreis

Rechnungskreis I: Gewinn- und Verlustrechnung nach § 275 HGB

Zwischen dem Rechnungskreis I und dem Rechnungskreis II liegt die **Abgrenzungsrechnung**. Abgegrenzt werden die Aufwendungen und Erträge aus der GuV, die nicht betriebsbezogen sind. Dazu gehören die neutralen Aufwendungen und neutralen Erträge (außerordentliche, betriebsfremde sowie periodenfremde Positionen). Zudem sind die „kostenrechnerischen Korrekturen" auch Bestandteil der Abgrenzungsrechnung. Die „kostenrechnerischen Korrekturen" dokumentieren z. B. die bilanzielle Abschreibung und die kalkulatorische Abschreibung. In den Rechnungskreis II werden die kalkulatorischen Kosten (Anderskosten, Zusatzkosten) übernommen.

Rechnungskreis II: Hier werden die Leistungen (betriebliche Erträge) sowie die Kosten (betrieblicher Aufwand) gegenübergestellt, um das Betriebsergebnis zu ermitteln.

---

1 Vgl. Schmolke S. / Deitermann M., 2020, S. 321.

Rückstellung

Rückstellungen stehen dem Grunde nach fest, aber nicht nach Höhe und Fälligkeit.

Saldo

Differenz zwischen Soll und Haben

Steuerbilanz

Aufgrund des Maßgeblichkeitsprinzips ist die Steuerbilanz eine aus der Handelsbilanz abgeleitete Bilanz. Steuerliche Wahlrechte können nach § 5 Abs. 1 Satz 1 zweiter Halbsatz EStG unabhängig von den Bestimmungen zur Handelsbilanz in der Steuerbilanz angesetzt werden.[1]

Vollkostenrechnung

Alle Kosten einer Abrechnungsperiode werden erfasst und nach Kostenarten (fix, variabel, Einzel- und Gemeinkosten) aufgeteilt. Bei der Teilkostenrechnung sind primär die variablen Kosten entscheidungsrelevant.

Vorsichtsprinzip

§ 252 Abs. 1 Nr. 4 HGB: „Es ist vorsichtig zu bewerten…". Das Vorsichtsprinzip stellt einen wesentlichen Baustein der Bilanzierung nach HGB dar. Zum Vorsichtsprinzip tragen das Niederstwertprinzip sowie das Höchstwertprinzip bei.

Wert

Der Begriff „Wert" kann mehrere Ausprägungen annehmen:

▶ Wert = Menge · Preis

  Beispiel: Umsatz = 5 Stück · 1.000 €/Stück = 5.000 €

▶ Wert, den ein Nachfrager seinem subjektiven Nutzen zuordnet. Der Wert stellt dann auch seine Zahlungsbereitschaft dar.

  Beispiel: Kauf eines Unternehmens für 5 Mio. Euro, wobei das Eigenkapital des zu erwerbenden Unternehmens 4 Mio. Euro beträgt. Der Nachfrager glaubt subjektiv, dass das Unternehmen wegen des Know-Hows in Zukunft mehr Wert sein wird.

Werteverzehr

Unter Werteverzehr wird der Verbrauch z. B. von Roh-, Hilfs- und Betriebsstoffen, Abschreibung, Löhne verstanden. Im weiteren Sinne stellt der Werteverzehr Aufwand dar, der in der Gewinn- und Verlustrechnung dokumentiert wird und den Gewinn mindert. Im engeren Sinne entspricht der Werteverzehr den Kosten, die betrieblichen Aufwand darstellen.

Wertezuwachs

Der Wertezuwachs stellt im weiteren Sinne Erträge dar, die in der Gewinn- und Verlustrechnung abgebildet werden und den Gewinn erhöhen. Im engeren Sinne stellt der Wertezuwachs Leistungen (betrieblichen Ertrag) dar.

Wirtschaftlichkeit

$$\text{Wirtschaftlichkeit} = \frac{\text{Ertrag}}{\text{Aufwand}} \quad \text{oder} \quad \frac{\text{Leistung}}{\text{Kosten}}$$

Wenn das Verhältnis zwischen Ertrag und Aufwand oder zwischen Leistung und Kosten größer als 1 beträgt, dann wird das Unternehmen oder die Kostenstelle als „wirtschaftlich" bezeichnet. Zu unterscheiden ist die Wirtschaftlichkeit von der Rendite, die das Verhältnis von Gewinn zu eingesetztem Kapital abbildet.

Zahllast

Differenz zwischen Vorsteuer (Umsatzsteuer bei Einkauf) und der Umsatzsteuer bei Verkauf. Die Zahllast muss z. B. bis zum 10. Tag nach Ende eines jeden Voranmeldungszeitraums mit einer Umsatzsteuer-Voranmeldung an das Finanzamt überwiesen werden.

---

1 Vgl. Meyer C. / Theile C., 2021, S. 49 - 50.

LITERATURVERZEICHNIS

Coenenberg/Fischer et al., Kostenrechnung und Kostenanalyse, 9. Auflage, Schäffer-Poeschel Verlag, Stuttgart, 2016

DIHK-Gesellschaft für berufliche Bildung – Organisation zur Förderung der IHK-Weiterbildung mbH, Formelsammlung, Bonn 2022

Eisele, Technik des betrieblichen Rechnungswesens, 6. Auflage, Stuttgart, 1998

Eisenschink, Rechnungswesen für Technische Betriebswirte, 2. Auflage, Kiehl-Verlag, 2023

Meyer/Theile, Bilanzierung nach Handels- und Steuerrecht, 31. Auflage, nwb-Verlag, 2021

Olfert, Kostenrechnung, Kiehl-Verlag, Herne, 2013

Schmolke/Deitermann et al., Industrielles Rechnungswesen IKR, 49. Auflage, Westermann-Verlag, 2020

Schmolke/Deitermann et al., Industrielles Rechnungswesen IKR, 52. Auflage, Westermann-Verlag, 2023

Stobbe, Steuern kompakt, 16. Auflage, Berlin, 2019, mit Ergänzungsheft Steuern kompakt, Aktuell 2021, München 2021

STICHWORTVERZEICHNIS

Die angegebenen Zahlen verweisen auf die Seiten.